U0579598

高等教育管理理论与实践研究

宋薇 著

延边大学出版社

图书在版编目（CIP）数据

高等教育管理理论与实践研究 / 宋薇著. -- 延吉：
延边大学出版社, 2023.8
ISBN 978-7-230-05431-7

Ⅰ．①高… Ⅱ．①宋… Ⅲ．①高等教育－教育管理－
研究 Ⅳ．①G640

中国国家版本馆CIP数据核字(2023)第168206号

高等教育管理理论与实践研究

著　　者：宋　薇
责任编辑：韩亚婷
封面设计：文合文化
出版发行：延边大学出版社
社　　址：吉林省延吉市公园路977号　　　邮　　编：133002
网　　址：http://www.ydcbs.com　　　　　E-mail：ydcbs@ydcbs.com
电　　话：0433-2732435　　　　　　　　传　　真：0433-2732434
印　　刷：廊坊市广阳区九洲印刷厂
开　　本：787×1092　1/16
印　　张：10.75
字　　数：220 千字
版　　次：2023 年 8 月 第 1 版
印　　次：2023 年 8 月 第 1 次印刷
书　　号：ISBN 978-7-230-05431-7

定价：78.00元

前　　言

　　21 世纪以来，高等教育在国家发展战略中的地位越来越突出，在经济社会发展中的作用也从间接推动转变为直接拉动,经济和社会发展比以往任何时候都依赖知识的更新、科技的创新及教育的发展。

　　高等教育管理是左右整个高等教育发展的关键因素。研究我国高等教育管理的历史和现状，就必须聚焦高等教育管理研究及其理论的发展状况，只有大力发展高等教育管理理论研究，才能使其更好地服务高等教育。高等教育是我国培养各式各样专业人才的主要途径，随着我国高等教育规模的不断扩大以及人才市场竞争的日益激烈，现有的高等教育管理体系已经无法满足社会对人才培养的要求。因此，我国亟须创新高等教育管理，优化人才培养方式，从而培养符合社会实际需求的高素质人才。

　　本书共八章：第一章概述了高等教育管理的基本知识，包括高等教育管理的概念、特点、主要任务和内容，以及过程和方法等；第二章阐述了高等教育管理中的规划与控制；第三章探讨了高等教育管理体制；第四章研究了高等教育管理系统；第五章讲述了高等教育管理的创新；第六章论述了高等教育管理的实践探索；第七章对高等教育评估进行了分析；第八章则对高等教育管理的价值冲突与价值实现进行了解读与研究。

　　笔者在掌握手边资料和查阅大量馆藏资料的基础上，根据自身实践经验著成此书，但由于所拥有的资料和个人水平有限，本书还有不足之处，恳请各位读者不吝赐教。

宋薇

2023 年 4 月

目　　录

第一章　高等教育管理概述

第一节　高等教育管理的
概念和特点

一、高等教育管理的概念

高等教育管理是指根据高等教育的目的和发展规律，调配高等教育资源，调节高等教育系统内外的各种关系，进行有效的计划、组织、领导和控制，以便达到既定的高等教育系统目标的过程。

高等教育管理的概念指明了以下三方面的内容：

第一，高等教育管理的依据是高等教育的目的和发展规律。高等教育的目的是为社会提供各级各类高级专门人才。各级各类高级专门人才的教育，按照类别可分为普通高等教育、成人高等教育，按照性质可分为公办高等教育、民办高等教育，按照层次可分为专科教育、本科教育、研究生教育。这些教育的目的是教育管理的根本依据。高等教育受到学生身心发展的影响，通过德育、智育、体育、美育等过程，培养全面发展的人。只有把人作为社会关系的总和来看待，才能对人的发展有全面的理解。各级各类教育过程都有其自身的客观规律，只有正确认识它们的客观规律，才能实施科学的管理。高等教育必须受到一定的社会经济、政治、文化的制约，并为一定的社会经济、政治、文化的发展服务。因此，生产力的发展水平、社会的制度、文化传统都对高等教育活动产生制约。无论是国家制定的宏观的高等教育发展政策，还是高等学校培养人的过程，都必须依据高等教育的目的，遵循高等教育发展的客观规律。

第二，高等教育管理的任务是调配高等教育资源，调节高等教育系统内外各种关系，以适应高等教育系统发展的客观规律。从一个国家或者地区来讲，高等教育系统是国家

1

或者地区社会系统中的一个子系统；从高等教育组织系统来讲，高等学校也是一个社会子系统。由于系统中存在着多种矛盾，因此高等教育管理的任务就是协调并最终解决系统中存在的矛盾。在高等教育管理中，要用系统论的眼光来设计高等教育的整体和各部分之间、要素与要素之间、学校系统与外部环境之间、学校系统内部子系统之间的相互关系，树立整体的观念，并通过有效的管理实现系统要素间的整体优化。

第三，高等教育管理的结果是达到既定的高等教育系统目标。培养全面发展的人是高等教育的根本目的，高等教育系统的一切工作（包括管理工作）都必须围绕这一目的展开。高等教育管理最终也只能是一种手段，即通过有效的管理，确保高等教育实质性目的的实现。

综上所述，不论是宏观的高等教育管理还是微观的高等教育管理，其所依据的是国家的教育方针，组织的发展目标，活动的制度规则，高等教育的基本规律，社会经济、政治、文化的发展背景与环境。因此，应通过立法、行政、经济、市场等手段进行协调和控制，保证培养高质量的高等教育人才、推动科学文化知识的创新、促进社会进步等目标的实现，最终实现高等教育的可持续发展。

二、高等教育管理的特点

（一）高等教育管理目标的特殊性

高等教育系统目标的特殊性决定了高等教育管理目标的特殊性。高等教育系统的主要目标是根据高等教育的功能来确定的，因此对高等教育管理的功能与目标相应地提出了特定的要求。高等教育管理的功能就是通过计划、组织、协调、控制等使高等教育更加符合社会发展的要求，符合社会生产力的要求，这种要求表现在教育的层次、结构、规模、质量等方面。另外，在微观方面，高等教育管理要使组织中的每个成员都按高等教育规律办事，从而更好地完成既定的目标。高等教育系统的目标是根据高等教育规律和社会发展、针对高等教育的需求制定的，所以高等教育系统的协调活动也应该以高等教育的规律为指导，而不能简单地照抄企业管理中的某些方式方法。从这个意义上说，高等教育的微观管理是以更好地培养人才并且着眼于提高人才的质量为根本目标的，它不能、也无法只追求经济效益为目标，更不能只以追求利润为目的。

高等教育管理具有两个最基本的目标功能：一是尽其所能地将系统内的各种关系和

资源凝聚起来，形成一个整体，即管理的"维系"功能；二是最大限度地围绕系统的整体目标发挥要素的主动性、积极性，更好地实现高等教育系统的整体目标，即管理的"结合"功能或"放大"功能。高等教育系统是由有关教育行政机关和各级各类高等学校所组成的，它的结构、功能与其他社会系统有所不同。高等教育在同其他社会系统进行物质、能量和信息交换的过程中，在为社会提供精神产品的同时，也提供物质产品，这种物质产品表现在科学技术成果等方面，也可能形成工业产品。高等教育系统是最具创造力的社会系统，通过各成员、各要素主观能动性的发挥，可以最大限度地实现"系统的整体功能大于部分功能之和"的效果。但反过来，如果教育者及教育资源中的人的主观能动性发挥不好，就比其他任何社会系统都更有可能制约生产力的发展。所以，高等教育管理者要充分认识到这两大功能的特殊性，并注意将二者有机地结合起来，用凝聚力增强整体的结合力，用系统的发展加强整体的凝聚力。

（二）高等教育管理资源的特殊性

不论是宏观高等教育管理还是微观高等教育管理，高等教育管理资源要素的特殊性都具体表现在以下三个方面：

第一，高等教育管理中的群体是由高级知识分子组成的特殊群体，其组织和成员的特殊性就构成了要素的特殊性。从高等教育管理的主体和客体来看，即从管理者和管理对象两个方面看，组成高等教育系统的主体要素之一是教师，他们是创造和掌握专门知识的群体。因此，对他们的管理要符合他们的心理活动和以个人脑力劳动为主的集体性活动的特征。另一个高等教育系统的主体要素是学生，他们是一群受过完全中等教育的青年，对他们的管理和协调方式要符合其身心发展阶段的特殊性。正是高等教育系统组成人员的特殊性，使高等教育管理中存在着一种特殊的管理现象，这种现象强调和要求自我管理。应该说，自我管理是任何管理中都存在的一种现象，但是在高等教育管理中，自我管理尤为重要，它是一种身心和智力发展的自我管理，主要培养学生的自我组织、自我发展能力等。在教育过程中，完全有必要让学生发挥自己的自我管理能力，只有这样才能更好地促进其自身发展。

第二，教育投资与经费的管理是一项复杂的工作，因为教育投资与经费的用途是复杂的，有时候还不能用绝对的量化管理来处理，并且不能在短期内就见到成效，经济回报率可能很低。这就是高等教育的经费管理有别于企业管理、行政管理、经济管理等的特殊性。

第三，教学与科研物资设备管理的特殊性，表现在这类资源不完全是生产性资源，这些物资设备是建立在教学科研功能基础上的，是为了完成教育教学实验实习、科学研究开发等，它们不仅仅是一套套设备，更是教学实验和科学研究的基本平台。

高等教育资源的特殊性构成了高等教育管理的特殊性。高等教育资源是指整个社会用于高等教育领域中的人力、物力和财力以及知识产品、文化产品等的总和。有效的、可利用的资源是指高等教育的主办者对高等教育的投入所形成的资源，主要表现在经费投资方面。社会用于教育资源的来源又与社会中的区域发展相关联，与政府对教育的投资相关联。教育是一种事业投资，但是它又不是纯粹的事业投资，因为它的投资对象决定了它不可能完全是事业投资。事业投资的对象主要是公共事业，公共事业是针对大众的，基本上所有的民众都可以享受公共事业带来的福利。而高等教育的对象群体不是单纯的享受公共事业福利的群体，虽然高等教育的结果是回报了社会，但是受教育者只是整个社会群体中的一部分。这是由高等教育资源的有限性决定的，这些资源又受到整个社会政治、经济发展的制约。所以，从某种程度上讲，高等教育的投入来自政府、学生家长、学校自身和社会，多方融资构成了高等教育投资的特殊性，这就决定了高等教育管理资源的特殊性。马克思指出："要改变一般的人的本性，使他获得一定劳动部门的技能和技巧，成为发达的和专门的劳动力，就要一定的教育或训练，而这就得花费或多或少的商品等价物。"（《资本论》）要进行教育活动，首先需要从社会的总劳动力中抽出一部分劳动力，这部分劳动力就是从事教育的劳动者和进入劳动年龄的受教育者，他们要消耗一定的学习资源、生活资源，还必须有一定的物质技术条件，如校舍、图书、仪器设备等。高等教育资源不是自然资源，也不是通过生产方式就可以生产制造出来的，而是要通过长时间打造和培育，随着社会的发展与需求逐步形成的。资源具有有限性，在满足了人的再生产以及所需要的物质再生产以后，社会所能用于教育的资源就很有限了，难以满足社会和个人对教育的需求，这也是教育管理中的一对特殊矛盾。因此，如何去获得更多的教育资源，如何有效地使用稀少的教育资源，就成为社会领域和教育领域共同关心的问题。高等教育资源投资的特殊性构成高等教育管理资源的特殊性。

（三）高等教育管理活动的特殊性

从宏观高等教育管理来看，高等教育事业具有很强的战略性、前瞻性。高等教育管理活动整体的发展规划关乎长远的社会民生问题，需要许多专家、系统来完成，管理活动的内容涉及民族文化、区域经济、人口发展、科学技术水平、社会环境等。从微观高等教育管理来看，高等教育管理活动的特殊性体现在高等教育组织管理的活动中，其最主要的表现就是要协调学术目标与其他目标之间的矛盾。学术目标是一种高智力投入和高智力劳动的追求，除了个体的高智力劳动，还要强调高智力劳动的结合、高智力劳动者的团结协作。高等教育系统的主导性活动是传授知识，高等教育所培养的各类专门人才和高等学校所提供的各种科技成果主要是通过学术水平和应用价值的高低来衡量的，管理活动的学术性十分强，而这种学术性不可以用一般行政性的方法进行管理。这就要求高等教育管理活动一定要重视学术目标。高等教育组织中的教学活动是教与学的双边关系，高校师生是一个特殊的群体，在完成教学目标和管理目标的过程中，师生参与具体的教学管理活动，达到双边认知认同，教学民主就显得更加重要。大学教职工是高等教育系统中的能动力量，是实现高等教育管理目标的智慧源泉，要发挥他们的智慧和力量，学术民主便是高等教育管理必须考虑的问题。高等教育系统中实行学术民主将激发教职工极大的能动作用，使大家从信任中受到鼓舞，在学术民主这个平台上施展自己的才华，在学校的管理活动中真正成为中坚力量。

第二节　高等教育管理的主要任务和内容

　　高等教育是一个复杂的大系统，其内容涉及众多方面，其任务艰巨、范围广，因此高等教育管理起来非常困难。管理者不可能面面俱到，要把管理工作做好，需要管理者抓住主要矛盾，解决主要问题，建立一套有效的高等教育管理系统。另外，要保证管理工作有的放矢、得心应手，就应明确高等教育管理的主要任务与内容。

一、高等教育行政管理的主要任务与内容

高等教育行政管理是国家通过中央和地方教育行政机关为实现特定的教育目标而对高等学校实施的管理。高等教育行政管理的主要任务是：采取多种手段，充分调动高等学校内外部的各种资源，高效地实现高等教育的目标，以适应社会经济、政治、文化、科技等的发展需要。

在我国，高等教育行政管理是国家行政职能的重要组成部分，它的任务是与党和国家以经济建设为中心，坚持改革开放，全面建成社会主义现代化强国，实现高度的社会主义物质文明和精神文明的宏伟目标联系在一起的。我国高等教育行政管理的主要任务是：以马克思列宁主义、毛泽东思想、邓小平理论、"三个代表"重要思想、科学发展观、习近平新时代中国特色社会主义思想为指导，运用现代管理科学的理论，借鉴其他高等教育科学的理论，遵循社会主义高等教育行政管理的规律，为党更好地领导高等教育事业，制定高等教育的方针政策提供科学依据；不断提高教育行政管理人员的高等教育管理理论水平和工作能力，从而促进高等教育事业的健康发展。

要完成高等教育行政管理的任务，就必须明确高等教育行政管理的主要内容：高等教育发展战略与规划，高等教育制度与结构，高等教育目的，高等教育投资，高等教育立法，高等教育评估，高等教育管理体制，高等学校设置，成人高等教育管理，民办高等教育管理，对高等学校领导者的管理等。《中华人民共和国高等教育法》（以下简称《高等教育法》）及有关法规，从法律上对上述内容作了明确规定，为科学管理高等教育行政事务提供了法律保障。

二、高等学校管理的主要任务与内容

高等学校管理是高等教育管理的重要组成部分，是高等教育行政管理的具体体现和延伸。随着高等教育改革的不断深化，高等学校拥有越来越多的办学自主权，高等学校管理水平的高低将直接影响高等学校的办学质量，影响国家高等教育的发展。

《高等教育法》第三十一条明确规定了高等学校的主要任务和职能："高等学校应当以培养人才为中心，开展教学、科学研究和社会服务，保证教育教学质量达到国家规

定的标准。"高等学校管理的目标是确定高等学校管理任务的重要依据。高等学校管理的主要任务是贯彻执行党的教育方针，推行教育法令法规，采取切实可行的措施和方法，通过科学的管理，高效地实现高等学校的办学目标，促进国家高等教育事业的发展。

一所高校就是一个"小社会"。随着高等学校改革的不断深入，那些本应该由社会承担的事务将逐步社会化，从高等学校分离出去，高等学校管理的内容也将相应发生变化。就目前来讲，高等学校管理的主要内容是：高等学校的内部管理体制，高校教学和科研的管理，教师和大学生的管理，信息系统的管理，高等学校经费的管理，高等学校后勤的社会化，思想政治教育，高等学校发展计划，高等学校行政人员的管理和培训，高等学校内成人高等教育和高等职业教育的管理，等等。

将高等教育行政管理和高等学校管理在内容上分成若干方面，主要是出于认识和理解的方便。实际上，在管理过程中，各种管理内容之间并不是孤立的，而是相互紧密联系的。例如：不理顺高等学校内部的各种关系，必然会影响教师和科研人员的工作热情和质量；经费管理混乱，办学成本过高，忽视经济效益，会对高等学校的发展、规模产生不利影响。高等教育领导体制制约着高等学校内部管理体制，高等教育的宏观结构与高等学校的人才培养规格也有密切的联系。所有这些要求高等教育管理人员在管理过程中既要明确自己的职责，努力搞好本职工作，同时又要有全局观念，避免互相推卸责任，给整个高等教育系统造成危害。

高等教育的管理过程也是一个改革的过程，为了实现科学管理，就必然要求改变落后的管理方式、方法，重新配置权利、资源、利益，建立新的管理模式，制定新的计划、制度和方案，这不可避免地会遇到阻力、压力。因此，无论是管理机构还是管理者，都应该利用多种管理方法、管理手段及管理技巧，调动广大高等教育工作者参与高等教育改革，变阻力、压力为动力和凝聚力，不断提高高等教育管理的效益和效率。由于内外部的原因，我国高等教育在发展中仍面临一些亟待解决的难题，改革的任务依然艰巨。例如，高校合并后的校内领导体制问题、高等教育事业费用拨款方式的公平与效率问题、思想政治教育的科学性问题等，这些都有待高等教育工作者齐心协力，加以解决。高等教育工作者要不断探索，为实现高等教育管理目标贡献自己的聪明才智。

第三节 高等教育管理的
过程和方法

一、高等教育管理的过程

高等教育管理过程，是指高等教育管理者围绕高等教育管理目标对高等教育活动中的人、财、物、事、时间、信息等进行管理的客观程序。高等教育管理过程遵循和体现高等教育的规律和特点，运用高等教育管理的原则和原理，实现高等教育管理的计划、组织、指挥、监督、控制、协调等职能。高等教育管理过程是一个动态的过程，有其连续性和阶段性，包含着若干个前后联系的管理环节。研究这些管理环节的活动规律并使其有效地运转，以达到最优化的管理目标，是高等教育管理过程的全部内容。

高等教育管理过程包括四个基本环节，即计划过程、执行过程、检查过程、总结过程。

（一）高等教育管理的计划过程

高等教育计划是高等教育管理者依靠科学预见，确定未来高等教育行动的方案。高等教育计划是高等教育管理的起始环节，是执行各项管理职能的基础。有了计划，高等教育管理才有明确的目的和要求，才能保证高等教育管理工作的执行有的放矢，检查有依据，总结有目标。一个国家的高等教育计划，影响着高等教育管理的工作效率、国家高等教育事业的发展和高等学校的办学质量，因此不断提高高等教育规划水平，保证高等教育计划的科学、可行，是高等教育兴旺发达的重要条件，也是检验各级管理者管理水平的重要标志。

高等教育计划过程包括在高等教育领域及其有关方面进行调查研究、确定目标、拟订方案、选择方案、拟订行动计划等步骤。高等教育计划的中心内容是确定高等教育管理目标。高等教育管理目标既要有科学性和先进性，使得高等教育管理沿着正确的方向发展；同时又要切实可行，富有弹性，使高等教育管理符合不断变化的高等教育和经济社会发展的需要。在制定高等教育管理的总目标以后，要把总目标分解成各部门及组织成员的分目标或具体目标，明确各自的管理职责、权力，并确定高等教育计划的实施方法和措施，从而保证高等教育计划贯穿高等教育管理的全过程。

（二）高等教育管理的执行过程

高等教育管理的执行过程就是实施高等教育计划方案的过程。它是高等教育管理过程的中心环节，常常表现为经常开展大量的高等教育管理活动。高等教育执行过程包括建立机构、下达任务、组织执行、指导协调、调整计划等步骤。

高等教育管理的执行过程，是管理者在高等教育管理过程中实施组织、指挥、协调、控制等一系列管理职能的活动。高等教育管理者在这一阶段要做到以下几个方面：一是要指挥全局，组织力量，不断获取反馈信息，加强对高等教育管理过程的控制，发现和解决问题；二是妥善处理高等教育发展和高等教育管理工作中出现的矛盾，协调各方的关系，指导高等教育各项工作的顺利开展；三是充分调动各方面的积极性，高效地实现高等教育计划、目标，锻炼人才、发现人才，合理配置人、财、物等各种高等教育资源，不断提高高等教育管理的水平。

（三）高等教育管理的检查过程

高等教育管理的检查过程，是对高等教育管理执行过程的监督和加强，是高等教育管理过程的必要环节，是实现高等教育管理目标的可靠保证。高等教育管理的检查过程主要是实施高等教育管理的控制职能，其重要内容是：建立高等教育管理的反馈渠道和机构，及时提供反馈信息；纠正高等教育计划执行过程存在的问题，调整计划，修改或补充执行措施；高等教育的各级管理者通过对下属人员工作的考核和监督，加强他们的工作责任心，促使其自我约束，进而提高工作效率，使高等教育计划和执行措施得以落实。

高等教育管理者在检查工作时，首先要力求深入基层，深入高等学校的教学、科研、后勤服务等活动中去，掌握第一手材料，为科学分析、评价和总结高等教育管理工作打下坚实的基础。其次，高等教育管理者既要看高等教育管理工作的结果，也要看高等教育管理工作的过程，对高等教育计划的执行等管理工作作出客观评价；同时发现高等教育管理中存在的主要问题，并在检查的基础上提出改进工作的措施。最后，在检查的方法和形式上，高等教育管理者要坚持领导检查和群众检查相结合，发动高等教育领域的全体成员自我检查、相互检查（包括自上而下和自下而上的检查）、第三者检查，保证高等教育管理检查过程的全面、准确和彻底。

（四）高等教育管理的总结过程

高等教育管理的总结是高等教育管理的终结环节。高等教育的管理者要用科学的方法评估已经做过的工作，肯定成绩，总结经验，看到问题，接受教训，奖勤罚懒，指明方向，使高等教育管理行为规范化、制度化。高等教育管理的总结是对高等教育管理的计划、执行、检查这三个环节的总检验、总评价，也是下一个高等教育管理循环中计划制订的依据，起着承前启后的作用。高等教育管理通过总结这一个环节，可以不断积累经验，掌握规律，提高高等教育管理人员的管理水平，促使高等教育管理的经验上升为理论，实现高等教育管理的科学化，提高高等教育管理的效能。

搞好高等教育管理的总结，必须有明确的指导思想，要以认真的检查为基础，深入研究高等教育管理过程中的经验教训，探索高等教育管理的规律，使高等教育管理过程有一个完美的结局。高等教育管理过程的这四个环节是相互联系的，它们依次运作，周而复始，形成封闭回路。我们要采取行之有效的科学方法，使高等教育管理过程的四个基本环节处于良性循环的状态，推动高等教育管理工作不断跃上新的台阶。

二、高等教育管理的方法

在长期的高等教育管理实践中，人们总结出了一整套常用的管理方法。

（一）行政的方法

行政的方法是依靠各级高等教育行政机构，采用行政命令、决定、政策、指示或下达任务等手段直接管理高等教育。它是我国高等教育管理中普遍使用的一种方法。行政的方法具有直接权威性，它能起到"令行禁止"的作用，效果非常显著。审批高等学校的设置程序、制订和实施高等教育招生计划就是一种行政管理方法。在使用行政方法时，要摆脱长官意志、主观唯心、脱离实际等弊端，使之符合高等教育发展的客观规律。否则，以行政方式下达违反高等教育规律的政策、计划、措施等，会给高等教育带来全局性的危害。

（二）法治的方法

法治的方法是根据国家立法机关制定的各种教育或高等教育法律、法规和条例等，实施的对高等教育的管理。法律具有不可侵犯的严肃性、威慑性、权威性以及普遍适用性、稳定性、强制性等特点。利用法律管理高等教育可以保证人们的高等教育相关权益不受侵害，同时督促政府、社会、高等学校依法履行自己的义务、职责，支持高等教育的稳定、健康发展。

法治的方法是一种间接手段，它涉及法律的制定和实施等环节，所以如何保证所制定的高等教育法律、法规更科学、合理，如何使有关高等教育的法律和法规得到全面贯彻实施，是利用法治的方法管理高等教育的关键。

（三）思想政治教育的方法

这个方法主要通过广泛深入、形式多样的思想政治工作，调动广大高等教育工作者的积极性、主动性、创造性，使他们齐心协力，从而推动高等教育事业不断向前发展。思想政治教育的方法，具有潜移默化的感化功能，可以培养人的远大理想以及高尚的品德和情操。这种方法掌握的难度相当大，但是如果运用得当，就会产生非常深远的影响。在我国，社会主义方向性和德智体美劳全面发展的教育方针，决定了思想政治教育方法在高等教育发展中具有非常重要的独特地位。

（四）经济的方法

这个方法是通过一定的经济手段，如增加或减少经费拨款、调整工资等方式，调控高等教育的发展方向，奖勤罚懒，激励高等教育管理机构、高等学校努力提高办学的经济效益和办学质量。

随着高等教育发展规模的日益扩大，国家、社会、个人对高等教育的投资不断增加，经济的方法在高等教育管理中发挥着越来越重要的作用。例如，我国推行的"青年英才开发计划"、"长江学者奖励计划"、"双一流"建设计划，以及各高校"特聘教授""师范教育基金""核定收支，定额或者定项补助，超支不补，节余留用"的高等学校预算管理模式等，就是经济方法在高等教育管理中的具体运用。

在高等教育管理中运用经济的方法，必须具有明确的目的性，为实现高等教育的目标服务，以充分发挥高等学校的教学、科研、社会服务的职能。如果忽略了这一宗旨，片面夸大经济的方法在高等教育管理中的作用，孤立地追求高等教育的经济效益，就会严重影响高等教育的发展，阻碍经济社会的发展。

（五）咨询的方法

在制定行政决策之前，应充分发挥专职、兼职高等教育研究人员的参谋咨询作用，通过在理论上对高等教育实际问题的探讨、分析比较，提出较为科学的行动方案，为行政决策提供可行性依据。例如，国家在制定高等教育发展规划、改革高等教育管理体制、设置高等学校专业等方面就采取了咨询的方法，吸收了部分专家的意见和研究成果，使高等教育管理更具科学性和艺术性，更富有成效。

高等教育管理的常用方法是人们多年实践经验的总结，蕴含着许多现代管理科学理论方法的因素。例如，现代管理科学理论方法中行为科学的方法与思想政治教育的方法有很紧密的联系，信息管理的方法与行政的方法有相同或相似之处。因此，在高等教育管理过程中，应该充分发挥常用方法的优势，坚持科学的方法论，采取多种途径，调动一切积极因素，以推动高等教育的发展。

第四节　高等教育管理的
目标、原则和规律

明确高等教育管理的目标、坚持高等教育管理的原则和遵循高等教育管理的规律，是实行高等教育管理的前提。目标、原则和规律反映了一定的社会观和价值观，体现了某种管理哲学。高等教育管理的目标、原则和规律渗透在管理工作的各个方面，贯穿高等教育管理工作的全过程。

一、高等教育管理的目标

（一）高等教育管理目标的内涵

高等教育管理目标是指高等教育主体对各项高等教育管理活动中的管理对象在一定时期内所要达到的预想结果作出的标准规定。高等教育管理目标，从根本上讲，与高等教育的育人目的是完全统一的。随着高等教育改革的不断深入，高等教育与社会的经济、政治、文化等各个方面的联系日益密切。相应地，高等教育需要面对各种各样的社会期望，尽力满足社会各方对知识和人才的需求，这就带来了高等教育管理目标的多样化。

高等教育既具有外部规律，又具有内部规律。外部规律是指高等教育必然受到社会诸因素的制约和必须为社会的政治、经济、文化等方面服务的规律。内部规律是指高等教育必须遵循人的认知、成长和发展规律，以及人才培养规律。从外部规律和内部规律的划分方法出发，高等教育的管理目标可以划分为外部目标和内部目标。外部目标是反映高等教育社会功能，即在经济发展和社会进步中起作用的目标。内部目标则指反映高等教育活动状态的目标，如教育要求、途径、质量、水平、条件保证等方面的目标。因而，外部目标可以说是功能性目标，内部目标则可以说是状态性目标。外部目标体现于高等教育主管部门对教育活动的决策和控制上，内部目标则体现于高等教育实施部门（高等学校）对自身价值的追求上。

（二）高等教育管理目标确立的意义

在高等教育管理活动中，确立其管理目标具有十分重要的意义。

首先，目标是高等教育管理的出发点和行动依据，具有决定管理活动方向的作用。高等教育管理活动的意义是最终有效地实现高等教育管理的目标，没有目标的高等教育管理活动就失去了方向和意义。高等教育管理活动的全过程应着眼于对目标的管理，高等教育的一切管理活动要围绕着实现高等教育管理目标这一根本任务。

其次，目标是调动高等教育管理者自觉性的重要手段，具有激励和鼓舞作用。做任何事都要注重效果，高等教育管理也不例外。虽然效果的取得受多种因素的影响，但人的自觉性与有效性是直接相关的。自觉性越高，有效性就越强。因此，确立并使管理者明白高等教育管理的目标，才能使之形成自发的思考和积极的行为，进而产生热情和激情。

再次，目标是处理高等教育管理主客体矛盾的必要条件，具有修正、完善作用。目标既是预期可以达到的，也是需要经过一定的努力才能达到的。确立目标的全过程，也是分析和认识主客体矛盾的过程。实现管理目标的努力过程，也是发现矛盾、处理矛盾和最后解决矛盾的过程。

最后，目标是检验高等教育管理效果的依据，具有评估作用。检验高等教育管理的效果，主要不是看做了多少事情，而是要依据原来确定的高等教育管理目标检验实际管理活动的效果，做那些事倍功半的事情是与科学管理的要求相悖的。只有确立高等教育管理目标，才能检验管理成效的高低和效果的大小，才能使高等教育的评估有章可循。

（三）高等教育管理目标确立的依据

高等教育管理目标的确定，需要科学的依据。高等教育管理目标是整个高等教育发展目标的一部分，它的确立必然受制于高等教育发展的各方面的因素。确立高等教育管理目标，既要适应社会发展的外在要求，又要符合高等教育发展规律的内在需要，还要考虑高等教育管理对象的诸因素的不同状况。

1.高等教育管理目标确立的社会发展依据

确立高等教育管理目标，必须把高等教育的发展放在整个社会发展中去考察。当今社会，科学技术突飞猛进，综合国力竞争日趋激烈，为了提升我国的核心竞争力，不断迎接新的挑战，我国制定了"科教兴国"战略，从而为高等教育的发展提供了良好的机遇。

人类社会的发展，经历了从原始社会向农业社会的第一次转变和从农业社会向工业社会的第二次转变。今天，人类社会正经历着从工业经济时代向知识经济时代的第三次转变。知识经济是以知识资源为第一生产要素的经济，是以高技术产业为支柱产业的经济。知识经济的基本要求和内在动力在于知识创新和技术创新。

迎接知识经济、实施"科教兴国"的主要对策有两点：一是建立国家知识创新和技术创新体系，尽量使我国的科学技术，特别是高科技和高新技术产业有较大的发展；二是深化教育改革，积极培养具有创新能力的人才。这就使以创新知识和培养创新人才为己任的高等教育面临着新的挑战。

2.高等教育管理目标确立的教育发展依据

实行高等教育管理，旨在为高等教育的改革和发展服务，最终实现高等教育目的。高等教育的发展离不开党的教育方针和政策指导，高等教育管理应根据党的教育方针和政策目的要求来确定其目标。

现代高等教育的改革和发展，要求人们必须注重和研究国际经济、科技的发展趋势，增强教育的开放意识，认真借鉴世界各国的有益经验，从而加快发展我国的高等教育事业。这要求高等教育管理目标的确立既要满足国家和社会对高等教育发展的基本要求，又要体现管理理论上的科学性、管理理念上的时代性、管理实践上的高效性、管理内容上的切实性、管理过程上的目的性。如果缺少管理科学的思维方式，就不能使高等教育管理目标合情合理、切实可行，就难以达到实行目标管理的目的。如果缺少时代特征，就不能使高等教育管理目标符合高等教育改革与发展的要求，就有违高等教育管理的初衷。高等教育管理目标如果不能操作简便、明了、易行，就不易被管理的主客体双方接受，就难以达到事半功倍的效果。如果高等教育管理目标的内容要求不切实际，不考虑各地、各层次、各类型的具体情况，就难以真正为高等教育的改革与发展服务。如果高等教育管理目标的各阶段要求不明确，就会形成操作中的盲目性，并且难以在实践中加以修正，就不可能达到目标的要求。

高等教育的改革和发展，旨在更快、更好地实现高等教育的目的，这一目的集中反映在国家和社会对人才的需求上。只有以高等教育发展为依据，才能体现出管理目标的确立是为培养社会主义建设要求的人才服务的。

3.高等教育管理目标确立的工作目的物依据

高等教育管理的对象包括人、财、物等多种类型，通常称为管理工作的目的物。在人、财、物等各类管理对象中，人是最为关键的，因为财和物的管理最终均是由人来实现的。从这层意义上来说，高等教育管理的对象主要是人。由于人的层次、素质和水平存在差别，因此高等教育管理的具体目标有所不同。不依据高等教育管理对象的具体情况，把目标定得过高或过低，都会影响高等教育管理工作的成效。

高等教育管理对象中的人具有双重性，他既是管理者，又是被管理者。较之于高层管理者而言，中层管理者则是被管理者；较之于中层管理者而言，基层管理者则是被管理者；而基层管理者又是具体事务的管理者。不可否认，在当前高等教育管理对象不同层次的人员中，其整体素质无论从思想观念、文化水平还是业务能力，与以前相比都有提高。但是，随着高等教育的不断发展，以及高等学校结构布局的调整和管理体制改革的深入，部分人的育人观念、时代观念、敬业观念、服务观念等适应不了形势发展的要求，心理承受能力不足，主人翁意识不强。如果对上述情况不进行深入的了解和具体的分析，就难以制定出切合实际的具体目标。另外，由各地区发展的不平衡造成的高等教育发展的不平衡，显示出高等教育管理的差异性。如果在制定目标时不考虑不同地区管理水平及要求的差异性，对发达地区和不发达地区采取"一刀切"的笼统管理模式，就会使确立的目标流于形式。

（四）高等教育管理的目标模式

高等教育管理的目标模式包括管理目标确立的理性模式、渐进模式和综合模式。

1.管理目标确立的理性模式

理性模式的主要要求是切实，即目标的制定者根据完备的综合信息、客观的分析判断，针对许多备选的目标方案进行论证评估，排定优劣顺序，估计育人的成本效益，预测可能产生的影响，经比较之后选择最佳方案。这种模式是以理性的行为作为选择基准的。理性的行为是扩大目标成就的行为，是根据客观资料确立目标手段的行为。

理性模式的最终目的是能够设计出一套程序，使管理者利用此程序，能够确立一个有最大净价值成效的合理目标，即能够花最小的代价，获取最大的成果。而具有最大净价值成效的目标，就是一项理性的目标。净价值成效是指目标所要求的效果大于其付出的价值。在这个意义上，理性和效率意义相同。效率是价值输入和价值输出的比例。一个理性的目标就是效率最大的目标，目标所要求的价值与其在实行过程中所付出的价值之间的比值大于 1。理性模式是人们在追求理性目标努力下创造的，是对理性目标制定过程的一种概括和抽象。

理性模式应满足的条件是：知道所有的教育要求及其相对的重要性；知道可能的多种目标方案；知道各种目标方案可能产生的结果；能估计目标方案所能实现的与不能实现的教育要求的比值；能选择最佳的目标方案。在这个模式中的理性，是指人们不仅要能知晓、权衡整个教育要求的实现程度，还要有关于目标方案的详尽资料、正确预测各种目标方案后果的能力，以及能准确把握管理成本与育人要求的操作程序。

理性模式可以提高高等教育管理目标确立的合理性，使内容切实，要求适中，操作可行。然而，由于管理者的能力和掌握的知识有限，其目标的确立不可能完全满足理性化的要求，从而需要通过渐进的方式加以修正。

　　2.管理目标确立的渐进模式

　　渐进模式的主要要求是调适（或修正），即运用"边际调适科学"的方法，以现行的目标为基础，通过时段的实践，再与其他方案相比较，然后决定哪些内容需加修改，以及应该增加哪些新的内容。

　　渐进模式的内涵可概括为：管理者不必建立与评估所有的目标方案，只需着重于那些与现行目标有渐进性差异者即可；管理者只需考虑有限的目标方案，而非所有备选方案；管理者对每个方案只需论证几个可能产生的重要结果；管理者面临的问题一直在被重新界定，注意要求-手段与手段-结果的调适，使问题较易处理；高等教育管理的问题尚缺乏最好的解决方案，需要在目标实行过程中发现问题和逐渐解决问题；渐进模式具有补救性质，适合解决现实的与具体的问题，对目标趋势进行修正；渐进模式主要是对边际的比较，根据边际效果进行抉择，并不全面考虑每一项计划或每一个方案，所确立目标的优劣情况取决于管理者态度一致的程度。

　　与理性模式相比较，渐进模式较接近实际的管理情况，模式的构架较为精致。就管理者的个性特征而言，渐进模式也比较可行。渐进模式受到对现行目标成效的满意程度、问题性质改变的程度、现有可选方法中新方法的数量等条件的限制。如果现行目标的成效不能令人满意，渐进模式就无法适用。现行目标仍有成效，是采用渐进模式的基础，如果问题的性质发生变化，那么渐进模式也无法适用。在现有可选方法中，新方法数量多，则使用渐进模式的可能性就降低了。

　　渐进模式的应用，须具备下列条件：现有目标的成效，大体上能满足高等教育管理主客体双方的需要，从而使边际变迁在目标效果上能充分显示其新收获；管理者所面对的问题，在本质上必须是一致的，换言之，不同管理者对问题的看法基本是一致的；管理者有效处理问题的方法，须具有高度的共同性。以上条件，对渐进模式的效度（应用价值）具有决定性的影响。在高等教育改革和发展的形势下，新问题层出不穷，其管理上的渐进改变已难以适应实际需要，渐进模式的缺点也就开始凸显。

　　3.管理目标确立的综合模式

　　从狭义上讲，综合模式是为了发扬理性模式和渐进模式之长，避二者之短而构造的一种控制模式。这种模式的主要要求是追求最优化。

　　从广义上讲，凡是将两种或两种以上的模式混合使用，有机结合的模式都可以称为综合模式。但是，在当代高等教育目标的确立过程中，几乎所有的综合模式都包含理性成分。因此，广义上的模式都是理性模式与其他模式的结合。鉴于综合模式的这种多样性，在这里仅列举规范最佳模式和狭义的综合模式两种。

规范最佳模式吸收了理性模式的主要优点，此外它还把艺术的方法和科学、规范的手段结合起来，如利用专家的直觉、经验设计新的方案，进行各种可行性研究。在具体分析中，该模式还借用各种定性方法弥补诸多因素难以量化的不足。规范最佳模式主要有以下步骤：认清某些价值、目的和要求；探讨实现目的的方案，特别是创造新的方案；通过论证有限的备选方案的预期效果，并按优劣排序，获得事半功倍的发展方案或革新方案。管理者首先依据渐进模式检查现行目标及其执行情况，然后再利用各种目标分析的方法，与新目标进行比较并预测新方案的可能后果及期望值。另外，规范最佳模式还把调适目标确立的质量、调适目标确立系统本身、提高目标确立参与者的个人素质、建立必要的机制、进行必要的培训等作为模式考虑的内容，将其包括到模式中来。规范最佳模式基于对现行目标的检查和论证，吸收了渐进模式的优点，同时它又吸收了理性模式的操作性方法，这就保证了方案的相对最优化。规范性的含义在于有一套目标确立的程序，还表现在它有系统的思考，即把一般意义上的控制与目标确立系统的改进联系在一起，这样规范化模式就包含了渐进模式和理性模式中的合理成分，成为更富有实用价值的模式之一。

狭义的综合模式一方面应用理性模式宏观审视一般的目标要素，分清主次，选取重点；另一方面应用渐进模式探讨经过选择的重点，避免寻找所有可行的备选方案，也避免了对与目标无关的次要细节和次要方案的全面分析，不致耽于细枝末节而忽视基本的目标要素。这就克服了理性模式和渐进模式的不足。综合模式在选定方案的审视方面，注重使用理性模式创造新方案，克服渐进模式的保守倾向；同时对重点问题、规格要求及主要的备选方案，则注重使用渐进模式进行考察，注意与已有的目标进行比较，以拟定切合实际的优化方案，克服理性方法的不现实性。与规范最佳模式一样，综合模式也提供了一个搜集、分析、利用有限资料的特定程序和资源分配的策略标准。与理性模式相比，综合模式缩减了考察范围，节约了大量的时间、精力和资源；与渐进模式相比，它借助理性模式客观的方法对各种主要备选方案进行精细的调适，从而提高了方案的可靠性，又给创新方案提供了机会。因此，相比之下，综合模式更具体可行。

二、高等教育管理的原则

高等教育管理的原则是根据一般管理学的原理提出的，同时又特别适用于高等教育管理领域。它们必须全面、准确地反映高等教育管理活动的特点、本质与规律；它们在理论上是完备的，在实际工作中又是切实可行的，能覆盖整个高等教育管理活动领域，普遍有效地指导高等教育管理实践活动。根据前面对高等教育管理的分析，高等教育管理的原则主要包括以下五个方面：

（一）高等教育管理的方向性原则

管理是一种有目的的活动，管理工作必然有方向。管理成效的大小，首先取决于方向是否正确。教育是培养人的社会活动，就其本质来说，教育必须与一定的社会政治、经济相适应，并为其服务。不论什么社会性质的高等教育，培养什么样的人都是一个根本问题，它集中体现了高等教育管理的方向。

新时代党和国家的教育方针是：教育必须为社会主义现代化建设服务、为人民服务，必须与生产劳动和社会实践相结合，培养德智体美劳全面发展的社会主义建设者和接班人。这一方针明确了我国高等教育的政治方向和服务方向，以及教育目的和实现教育目的的基本途径。

第一，要坚持社会主义的政治方向。社会主义的高等教育管理，必须坚持社会主义的政治方向。教育是具有阶级性的，任何一种社会制度都要以它的意识形态教育和影响学生。高等教育管理必然受一定的生产关系和国家的政治、经济制度的制约，有鲜明的阶级性。我国作为社会主义国家，要求高等教育必须以社会主义意识形态教育和影响学生，为社会主义建设培养具有坚定政治方向的建设者和接班人，使他们明确我国的高等教育是社会主义性质的，要为社会主义服务，坚持社会主义的政治方向。如果不首先明确我国高等教育的社会主义性质，就谈不上有正确的办学方向。坚持社会主义的政治方向，要有现实针对性。随着信息技术的发展，发达资本主义国家凭借技术优势，成为主要的信息输出国，控制全球信息与通信的命脉，其音乐、电影、电视与软件几乎遍及全球，影响着几乎所有国家人们的审美观、日常生活和思想。因此，我们要注意西方意识形态的渗透，注意国外敌对势力利用各种机会对我国施行"西化""分化"的阴谋，坚持高等教育管理的社会主义政治方向。

第二，要坚持为社会主义现代化建设服务。这里所说的"服务"是全面的，既包括为社会主义政治服务，也包括为社会主义经济、文化建设服务。在社会主义现代化建设中，人们要始终以经济建设为中心，不能干扰这个中心。高等教育的根本任务是培养人才，高等教育为社会主义现代化建设服务，主要是通过培养社会主义经济建设需要的人才来实现的。

这从两个角度规定了高等教育的办学方向，各有侧重，相辅相成，二者并不矛盾。政治方向是从高等教育的社会性质来讲的，服务方向是从高等教育的工作任务和目标来讲的。政治方向规定了服务的社会主义性质，服务方向体现了坚持社会主义政治方向的实际内容。因此，不能说高等教育的方向性只指政治方向，而没有别的内容，这是不全面的。

（二）高等教育管理的高效性原则

任何管理活动的基本目的都是提高组织系统的效率和效益。管理效率和效益的关系，是与管理目标联系在一起的，目标正确，则效率高、效益好。管理效益的大小就是在消耗一定的人力、物力、财力和时间等资源的条件下，实现管理目标的程度。

高等教育管理的高效性原则是高等教育管理本质的直接体现和具体化。它要求以一定的高等教育资源投入，培养和提供相对多的合格的高级专门人才和高水平的研究成果。或者说，培养和提供一定数量的合格人才和研究成果，投入的高等教育资源要求相对少。

高等教育所产生的效益是多方面的，它既是促进生产力发展的重要因素，又是巩固政治统治和精神文明建设不可或缺的因素，还是社会得以延续和发展的重要条件，这些主要体现在提高劳动者素质和培养人才的数量及质量方面。同时，高等教育在发展科学技术及文化方面的作用也是十分重要的。高等教育是需要大量资源投入的事业，而发展高等教育的资源又是有限的，它靠社会提供，既受社会经济发展水平的制约，又受社会政治制度、管理体制和人们的教育观念的制约。因此，高等教育管理不仅要注重经济效益，即以较少的投入培养更多的人才，注意节省人力、物力和财力；更要注重社会效益，即坚持办学的政治方向，全面提高高等教育的质量。

（三）高等教育管理的整体性原则

高等教育管理的整体性原则既取决于高等教育系统的整体性，又受制于培养高级专门人才的高等教育目的。高等教育管理的整体性原则可表述为：以培养人才为中心，科学地组织各方面工作使它们有效配合，并充分地考虑社会环境中诸因素的影响。

高等教育的首要任务是培养人才。培养人才不仅需要组织好教学工作，还必须有思想教育工作、师资培养工作、科学研究工作、后勤管理工作等与之配合。除了培养人才的职能以外，高等学校还有开展科学研究的职能和直接为社会服务的职能。高等教育管理不是单一的教育、教学活动的管理，而是包括教育、科学研究和直接为社会服务等活动的综合管理。不论是培养人才、开展科学研究还是直接为社会服务，都与社会系统紧密相关，都必须与社会经济、政治、文化相适应，因此必须把高等教育管理放在整个社会环境中考虑。

高等教育管理要以培养人才为中心，各方面活动的开展都要服从于培养人才这个首要任务。就政府对高等教育的宏观管理来说，首先要做好人才培养的决策和宏观控制，包括人才培养的预测规划、总体规模、发展速度、结构布局等，以及通过组织、计划、协调、立法、拨款、检查评估等手段，保证培养人才的数量和质量。就高等学校的管理来说，各部门的工作都要面向学生，教学和思想教育工作要遵循人才成长规律，科研、生产工作要与教学工作结合，后勤工作要为教学和科研服务，而不能各行其是。

要处理好教学和科研的关系，使两者相互结合、相互促进。教学是高等学校培养人才的主要方式。但是，不能把教学工作仅理解为课堂讲授。教学活动既包括通过课堂讲授使学生学到间接知识，也包括指导学生获得直接知识和掌握学习方法。因此，教学是传授知识、发展智力、培养能力和形成良好思想品德的综合过程。科学研究是培养人才的重要途径，把科学研究引入教学过程是高等学校教学过程的一个重要特点，它能给学生创造发展智能的环境和条件。学生通过参加科学研究能够有目的地、主动地学习完成研究任务所需要的理论知识，进行积极思维，在实践中发展各方面的能力，培养创新精神；还能形成严谨的治学态度、踏实的作风和团结合作的精神。开展科学研究能更好地促进师生之间教与学两方面的信息交流，使教师对学生了解得更深入、更具体，有利于实行因材施教，更好地发挥学生的特长和主动性。开展科学研究还能够提高高等学校教师的学术水平，充实和更新教学内容，改进教学方法，使教学质量不断提高。因此，不应该把科学研究和教学对立起来，而应该使两者互相结合、互相促进。高等学校教学传授给学生的知识，是前人实践经验的系统总结。科学研究正是在已有知识的基础上探索和总结新的知识，进一步加深对客观世界规律的认识。因此，从人们的认识活动来讲，只有开展科学研究，把生产实践和科学实验的成果总结成各种理论体系，使人们不断地获得新的知识和能力，才有可能进行各门学科和专业的教学。从这个意义上来讲，科学研究是"源"，教学是"流"，科学研究总是走在教学的前面。在教学中给学生讲授的理论知识，并不需要也不应该要求教师都通过自己的研究实践进行总结和积累。但是，现代科学技术的发展日新月异，高等学校的教师如果不通过开展科学研究及时了解和掌握本门学科与相关学科的最新动态和发展趋向，而仅停留于传授现成的书本知识，就不可能提高高等教育教学质量，培养出适应现代科学技术迅速发展和现代化建设需要的合格人才。

发展科学技术文化，也是高等学校的重要任务。随着现代科学技术的快速发展，高科技向现代生产力转化的速度越来越快，高新技术产业在整个经济建设中所占的比重不断提高，科技在经济发展中的作用越来越大。21 世纪是高新技术迅速发展的世纪，我国改革开放和现代化建设将进入承前启后、继往开来的关键时期，国家的经济建设和社会发展比以往任何时候都要更加倚重科技进步。在这种形势下，高等学校特别是重点大学的科学研究工作更应大大加强。

直接为社会服务也是现代高等学校的一项重要社会职能。高等学校的培养人才、开展科学研究、直接为社会服务这三项职能是互相联系、相辅相成的。开展各种形式的社会服务，有利于加强高校师生与社会的联系，增进学生对社会需求的了解，增强学生主动适应经济发展和社会发展需要的能力；有利于高等学校更好地开展理论联系实际的教学，培养和锻炼学生解决实际问题的能力，提高教学质量；有利于进一步发挥学校的潜力，充分调动教职工的积极性和主动性，通过有偿服务，为学校筹集一部分资金，以弥补办学经费的不足，用以改善办学条件和教职工的生活条件。但是，高等学校必须以培养人才为中心。衡量学校工作的根本标准是培养人才的质量和数量，绝不能搞短期行为，只看经济收益的多少，而不顾教学质量和学术水平。因此，一定要处理好培养人才与直接为社会服务的关系。高等学校必须统筹兼顾，加强管理，对收益进行合理分配，这样有利于调动各方面的积极性，特别是在教学一线岗位工作的教师的积极性。

（四）高等教育管理的民主性原则

高等教育与社会发展相适应的规律决定了高等教育是开放的系统。高等教育发展的历史已经证明，追求科学与发扬民主是高等教育的重大使命。追求科学，可保证高等学校教学与科研的生命活力，发扬民主则是追求科学的保障。高等教育管理的民主性原则主要是由高等教育管理封闭性和开放性相统一的规律所决定的。要办好既封闭又开放的高等学校，不发扬民主，不调动教职工和学生的积极性和创造性是不行的。因此，高等学校进行重大决策时，必须发扬民主。

高等教育管理的民主性原则可以表述为：依靠广大教职工和学生民主管理学校，动员社会力量参与高等教育管理。高等教育领域人才荟萃，学术思想活跃。高等教育管理工作必须注意充分体现学术自由的特点。高等学校的教学与科研，就其本质而言是学术活动，需要充分的思想自由，并且需要民主制度作保障。因此，对高等教育实行民主管理具有特殊的重要性。就管理对象的特点来说，在高等学校，教师和学生既是管理对象，又是管理主体。教师和学生要从事学术性很强的教学、研究和学习，主要靠自己独立钻研。只有靠内在动力，也就是靠调动他们的积极性和主动性，才能实现高等教育管理目标。学校的培养目标、教学计划、教学大纲等，要靠教师去实施；教学内容和教学方法的改革，要靠教师自觉地去探索和实行；同时还要激发学生的主动性，使其积极地配合，自主地进行学习。充分调动教师和学生的积极性，让教师和学生参与管理，对于增强内聚力，加强对领导管理者的理解和信赖，及时改进管理措施，提高有效性，都有极大的好处。因此，高等学校要搞好管理，必须依靠教师发挥能动作用，同时对于一切与学生的学习和生活有关的决策，还要注意听取学生的意见。

就高等学校工作的复杂性来说，高等学校一般都设有许多专业和课程，有教学、科学研究、生产、思想教育、后勤以及校内校外关系等各方面的工作，有众多的人员，具有极大的复杂性。管理好一所高等学校，需要很多学问。任何一所高等学校甚至一个院（系）的领导都不可能完全懂得所设的各专业、各门课程和各方面的工作。从这个意义上来说，必须依靠调动广大教职工的积极性，集思广益，共同管理，才有可能把学校办好。有关教学、科学研究、学科建设的重大决策，一定要注意听取和尊重教师特别是教授的意见。教授在他们所从事的专业、学科领域里是专家，注意听取他们的意见有助于保证有关决策的正确性；由于教授在学术上的权威性，在师生中有较大影响，他们参与决策，更能够得到师生的拥护和信赖，有利于决策的实施；教授的言行对学生有潜移默化的影响，让教授积极参与学校的民主管理，有利于培养学生的社会责任感。

就政府对高等教育的管理来说，由于高等教育有学术性强、专业学科门类多等特点，要充分尊重专家学者的意见。因此，要给高等学校学术自由和必要的办学自主权，避免过多的行政干预。高等学校还有多样化的特点，这是因为社会对高等教育的需求是多样化的，不同地区、条件和历史背景的学校是多样的，这要求政府不仅要处理好中央集权和地方分权的关系，而且要使高等学校有办学自主权，以利于学校办出自己的特色，适应社会的不同需求。政府的作用是进行宏观调控，为学校创造良好的环境和条件，通过财政的、政策的导向和法规的约束，引导学校主动发展。民主性原则要求在高等教育管理中制定决策民主化、执行决策民主化和评定决策执行结果民主化。

在高等教育管理中，决策工作要充分发扬民主精神，这种民主精神体现为让被管理者民主地参与决策过程，这样可以集思广益，提高决策的科学性，使之更切合实际。在西方国家，实行民主管理的学校是通过董事会、教授会、评议会或师生代表会等形式，制定学校的一系列规章制度和决策。管理者要随时了解和掌握决策的执行情况，在此基础上调整和改进决策的执行方案和方法。在这一过程中，不论是了解执行情况还是调整、改进执行的方案和方法，都离不开民主的作风。管理者应该秉公办事，在处理公务时不应牟取私利，要尊重下属，虚心向他们求教，及时地对方案和方法的执行情况进行调整和改进。决策执行结果的评定，不仅关系到对本决策的制定者和执行者工作的评价，而且关系到下一个决策的制定和执行。在评定工作中贯彻民主原则，有利于激发和强化决策者和执行者的工作热情，发挥和发展他们的创造性，最终有利于高等教育管理效益的提高。

（五）高等教育管理的动态性原则

任何事物都是处于不断变革之中的。管理过程是一个不断发展变化的动态过程，管理对象内部诸要素是不断发展变化的，它们之间的关系也在不断发展变化着，管理系统的外部环境也是发展变化的。因此，管理过程的实质，就是根据管理对象和条件的发展变化，对其相互关系作出相应的调整，以实现整体目标。

我国正处于经济转型期，社会生活各个方面都在产生相应的变化，因此需要改革高等教育，使之适应社会经济、文化、科技等体制改革的要求。高等教育作为一种社会技术系统，与外部环境处于动态的相互作用之中。开放系统的一个特点是能够变化其内部子系统，以便对各种环境中的偶然事件作出反应。管理活动与管理对象、管理环境之间有着本质的、必然的联系。高等教育管理过程中要完成的任务、组织的结构、用来完成任务的技术和参与的人员都处于动态变化之中。一方面，高等教育活动必须按照管理的基本原理和原则进行，保持管理的相对稳定和应有的秩序；另一方面，高等教育管理的对象、内容、方式、手段都在变化之中，要求运用高等教育管理原则时有灵活性。

高等教育管理的动态性非常明显。随着现代科学技术的发展，社会对高等教育的需求在不断地变化，社会对高等教育提出的条件也在不断地变化。高等教育要为社会服务，必须主动提高适应经济和社会发展需要的能力。这就要求高等教育必须不断改革、创新。高等教育体制改革的目标，就是逐步建立使学校具有主动适应国民经济和社会发展需要的有效机制。就高等学校本身来说，学生每年有进有出，教师队伍也需要适时补充和调整，教学和科研的设备也在不断地更新。经济体制改革、政治体制改革和科技体制改革的深化，不断地对高等学校提出了新要求。

因此，高等教育管理的动态性原则可表述为，通过不断的改革以主动适应经济和社会发展的需要。动态性原则要求人们做到以下两点：第一，以发展的战略眼光看问题，认识到任何事物都不是静止不变的，只有改革才能促进教育发展；第二，处理好变革与稳定的关系，在变革不适应部分的同时，要继承高等教育合理的内核，既不能墨守成规、抱残守缺，坚持既成的体制和维持现状，也不能全盘否定以往的经验。另外，要注意不能朝令夕改，尤其在高等教育改革方面要持慎重的态度。

高等教育管理的动态性，从根本上讲，是由高等教育必须与社会政治、经济、科技、文化的要求相适应这一基本规律决定的。由于社会是不断发展的，高等教育也必须随着社会政治、经济、科技、文化的发展不断地改革，以适应社会发展的需要。

以上五条原则是高等教育管理的基本原则，也是普遍适用的原则。方向性原则反映了我国高等教育管理的性质，从根本上确立了社会主义高等教育发展的大方向，规范了高等教育的培养目标；高效性原则指出了管理工作的本质特点和根本要求；整体性原则反映了管理工作的基本要求；民主性原则贯穿高等教育管理活动始终，为高等教育管理活动的顺利进行提供了良好的氛围；动态性原则指出完善管理工作的根本途径。它们相互制约，相互促进，共同指导高等教育管理的全部活动，构成了一个完整的原则体系。

三、高等教育管理的规律

研究高等教育管理，就必须认识和掌握高等教育管理的客观规律。由于高等教育管理是一门新学科，目前还没有科学准确地概括出它的基本规律，但有一些学者对此提出了富有启发性的见解，对高等教育管理规律进行了初步探讨。

（一）自然属性与社会属性相统一的规律

高等教育管理的自然属性，是指高等教育管理活动在本质上具有不因社会条件和时代背景而变化的稳定性。高等教育管理的社会属性，是指高等教育管理活动随社会形态的变化和历史发展过程中所形成的特殊个性而呈现出不同特征的性质。

1.高等教育管理的自然属性

高等教育管理的自然属性主要表现在三个方面：一是高等教育管理的普遍性，即高等教育管理是普遍存在的，不论哪个国家，哪个历史时期，只要存在高等教育活动，就存在对培养高级专门人才的活动进行管理的必要。二是高等教育管理的共同性，即高等教育管理在各个历史发展时期都具有明显的共同点，这些共同点不因国家的政治、经济、文化等差异而有所变更，也不因历史时期的变化而消失。正因如此，中国传统高等教育管理中的优秀部分被继承和发扬，欧洲中世纪大学的校、院制一直被现代大学所采用，还有其学位制也一直沿袭至今。另外，20 世纪颇具影响力的教育管理思想，也曾风靡全球。美国弗雷德里克·温斯洛·泰勒（Frederick Winslow Taylor）的科学管理学说，以威尔伯·约奇（Wilbur Yauch）和丹尼尔·格里菲思（Daniel Griffiths）为代表的民主人际关系学说和由此发展的行为科学学说，德国社会学家马克斯·韦伯（Max Weber）的科层组织学说，还有美国社会学家塔尔科特·帕森斯（Talcott Parsons）的开放系统学说，都可以"古为今用，洋为中用"。这些共同点来源于高等教育管理活动在其历史发展过程中形成的特点和规律，来源于人们在高等教育活动过程中遵循的一般原理。三是高等教育管理的技术性，高等教育管理使用的技术和方法一般不受社会制度的影响，各国都可以相互借鉴、学习，使用先进的管理技术和手段，如计算机用于高等教育管理等。

2.高等教育管理的社会属性

高等教育管理的社会属性包含两层含义：一是高等教育管理具有历史继承性，即在人类创造历史的过程中，由于社会及自然环境不同，形成的各种地域文化在高等教育管理活动中留下了深深的印记。这些印记在高等教育管理思想和管理信条上表现为：不能超越一定的社会文化形态以及人们的社会心理状态。具有"同源文化"的国家和地区，在高等教育管理思想和管理哲学上具有很大的相似性，而"非同源文化"的国家和地区中所产生的高等教育管理思想和管理哲学存在明显的差异。二是高等教育管理具有政治性。因为高等教育管理是与权力联系在一起的，高等教育的一些制度、政策总是社会制度和政策的一部分，是为一定的政治服务的。高等教育管理必须也只能在一定的社会历史条件下和一定的社会关系中进行，生产关系的性质不同，生产劳动的组合要素、结合方式不同，管理的社会性质也不同。高等教育体制、管理政策总是巩固一定的生产关系，实现高等教育目的的。比如，以人为本的管理思想正是这一特性的体现。

自然属性和社会属性是高等教育管理活动本身所具有的两种属性，两者处于矛盾统一体中。这两种属性统一于计划、组织、指挥、协调、控制等管理职能上，根本上统一于高等教育管理效益中。

（二）封闭性与开放性相统一的规律

高等教育管理的封闭性，是指在高等教育管理过程中，根据高等教育管理的特殊矛盾而在高等教育系统内部自我运转和良性循环的性能。高等教育管理的开放性是指在高等教育管理过程中，根据高等教育管理的特殊矛盾而在高等教育系统与外界环境相互联系、相互作用中实现物质、能量、信息交换的性能。高等教育系统的"存在"与"发展"、"必然"与"偶然"的矛盾统一是高等教育管理封闭性与开放性矛盾统一规律的两种典型的表现形态。高等教育的发展理论、权变理论和开放系统学说都是以遵循这一规律为前提的。

1.高等教育管理的封闭性

无论进行什么样的高等教育管理工作，首要的前提就是在相对独立、完整的高等教育系统内部，按照高等教育系统的特定目标而进行优化组合，即在高等教育系统的"投入—加工—产出"的过程中构成一个相对封闭的系统。没有封闭性，高等教育系统就没有相对稳定的环境，任何对高等教育系统的分析及高等教育管理活动过程都不可能存在。这种封闭性是一种客观存在，是为了更好地进行高等教育管理的必然要求。完全封闭的高等教育系统是不存在的，因为完全封闭就意味着与环境不进行任何物质、能量、信息的交换，这样的高等教育系统必然逐渐消亡，所以高等教育系统和高等教育管理的封闭性又具有相对性。

2.高等教育管理的开放性

高等教育系统一方面受外界环境的影响，另一方面又对环境施加影响；两者之间存在着物质、能量、信息的交换，这决定了高等教育管理的开放性。开放性是实现高等教育系统整体特性功能目标的需要，是实现高等教育管理高效益的需要，也是高等教育系统存在和发展的基本条件。

3.高等教育管理的封闭性和开放性既相对立又相统一

一方面，高等教育管理的封闭性和开放性是相对的。高等教育管理封闭性的重点是强调高等教育管理系统目前的"存在"，将人力、物力、财力放在目前"存在"上，不仅影响发展，而且失去了取得更大效益的机会。高等教育管理的开放性则强调高等教育管理系统的发展，过分注重高等教育管理系统效益的最优化，忽视系统"存在"，将导致高等教育管理系统的"存在"基础动摇。

另一方面，高等教育管理的封闭性和开放性又是统一的。高等教育管理的封闭是相对的封闭，是包含开放的封闭，并在开放的封闭中实现自身的优化和发展。高等教育管理的开放是在一定"存在"基础上的开放，这种开放只有依存于相对独立的、完整的高等教育管理系统，才能和社会环境进行物质、能量和信息的交流，从而建立起新的更能适应社会发展需要的高等教育管理系统。

（三）学术管理与行政管理相统一的规律

在高等教育管理中处处离不开行政管理，如制定高等教育规划，对人、财、物等资源进行分配和调控，对计划的执行进行检查督促，协调高等教育系统中的各方面使其正常运转等。但在高等教育管理中，学术管理是很重要的方面，学术水平的高低、学术管理的成功与否，对高等教育管理的水平及其发展有重大影响。因此，在高等教育管理中必须坚持学术管理与行政管理的统一。学术管理与行政管理的不同点主要表现在以下三个方面：

1.指导原则不同

学术管理中要坚持学术自由的原则，提倡百家争鸣，这是学术繁荣的基本条件。关于学术上的分歧，要通过开展充分自由的讨论取得共识，不能由某个权威人物说了算，也不能采取少数服从多数，即所谓"学术民主"方法。学术问题只能用学术标准评判，强调科学性，要用科学实验和论证、调查研究、同行专家评估的方法，而不能采用行政管理中行政决断的方法。行政管理中存在抓住机遇的问题，所以强调少数服从多数的原则，适时作出决断。但行政管理的重大决策也要考虑其科学性、合理性，同时更要强调从实际出发，考虑其可行性，考虑它会产生什么影响和效果。

2.采用方法不同

在学术管理中，要根据不同学科专业的特点采用不同的方法。由于学科、专业、任务的不同，所运用的方法也就不同。因此，学术管理不能采用统一的模式，而应该是多样化的管理方式。管理文科和理科的方法不一样，管理专业课和基础课的方法也不相同。行政管理则强调统一，由于它强调从全局出发，发挥高等教育的整体功能，因此往往用集中划一的方式，用政策法令、规章制度等统一和协调高等教育管理的各方面工作。

3.管理程序不同

学术事务的管理是依靠教授专家实行民主管理。在西方国家的大学中，学科发展方向的选择、学术规则的制定、学术梯队的配置，甚至包括教学研究人员的选聘等问题的决策管理，都由教授讨论会决定。我国实施"863计划"，为了减少失误，在决策中也参照西方经验，实行了"首席科学家制"。在我国很多高等学校，学术事务管理上的决策，也都吸收教授参与讨论。行政管理的主要目的是贯彻执行上级指示和领导工作意图，是一种"科层式"管理，强调下级服从上级，从上到下逐级指挥和布置，层层贯彻执行。

高等教育管理中学术管理与行政管理虽然有上述这些不同的特点，但只是相对的，学术管理与行政管理往往是交织在一起的，很难截然分开。特别是随着高等教育日趋普及化，高等学校规模的扩大和内部结构的日益复杂化，高等教育管理的难度也逐渐加大，这必将促进行政管理的强化。在高等教育管理中，要更加注意根据学术管理与行政管理的不同特点，采用不同的方法进行管理，并尽量协调好两者之间的关系，决不能用行政管理代替学术管理。

（四）过程管理和目标管理相统一的规律

探索管理活动的过程是管理科学的核心问题之一。管理过程是为实现一定的管理目标，执行一系列管理职能的动态过程和环节。管理活动按一定的程序，行使其基本职能，形成有序的管理过程和环节，才能顺利地实现管理目标。如果对管理过程缺乏综合分析，就难以揭示各部分管理工作的内在联系。

1.过程管理

高等教育管理过程可以归纳为计划、执行、检查、总结四个环节。

计划是起始环节，统领整个管理过程。计划环节包括确定目标、制订若干方案、选择决策、拟订行动计划等。制订计划最主要的内容是确定管理目标。

执行是使计划付诸实施。执行环节是管理者在管理过程中实施组织、指挥、协调、控制等一系列管理职能，其内容包括：建立机构，完善制度，组织人力、物力，指挥行动，协调关系，教育鼓励等。管理者通过这些手段，协调人、财、物等各种要素的相互关系，使其效能充分显示出来，使计划得以实现，达到既定的目标。

检查是对执行的监督和加强，因此检查环节和执行环节是结合在一起的，不是截然分开的。检查环节主要是实施管理的控制职能，其重要内容是建立反馈渠道和机构，及时提供反馈信息，以保证计划目标的实现。检查还能检验计划的正确程度，从而在必要时采取追踪决策、调整计划等措施。

总结是终结环节，是对计划、执行、检查这三个环节的总检验，是用计划目标作为尺度对管理的全过程进行总评价，也是为制订新的计划提供依据，起着承前启后的作用。由此可见，管理目标统率、指导着管理全过程，管理过程的各个环节都是为实现管理目标服务的。高等教育管理者在管理过程中，一定要保持清醒的头脑，时刻不忘管理目标，一切为实现管理目标而奋斗，如果总是忙于事务，把手段当成目标，就会迷失方向。

2.目标管理

目标管理是运用目标指导管理过程的一种管理方法，其内容包括：由管理者和被管理者根据组织的任务共同确定管理目标，包括把总目标分解为部门目标和各成员的个人目标；动员各部门和全体成员自觉地为实现各自的目标而努力工作；用管理目标检查工作的进度和评估工作的成效，根据成果实施奖惩。

高等教育管理过程还有难以控制的特点，其原因有以下几点：一是学校教育工作的周期性长，管理效能具有滞后性，它的社会效益要在若干年以后才能显现出来；二是教师工作决定了其工作方式大多是个体劳动，具有很强的独立性，不像工厂生产物质产品那样按工序进行严格的分工；三是高等学校的"产品"（学生）很难定型化、标准化，培养学生的质量不易检验，而且学生有很大的可塑性，学生的性格、思想、智力也各有差别，在管理过程中要注意因材施教，这也增加了控制的难度。因此，高等教育管理要把过程管理和目标管理结合起来。

（五）管理与服务相统一的规律

一般来讲，管理具有两方面的职能：一是协调和控制生产关系的职能，二是组织生产的职能。在管理实践中，这两方面的职能就是指管理与服务。两者虽有区别，但又密切联系，相互促进，是辩证统一的关系。服务工作做得好，有利于加强管理，而科学有效的管理本身就是很好的服务。

在高等教育管理中，必须注意根据高等教育的特点，处理好管理和服务的关系。要正确处理好高等教育管理中管理和服务的关系，关键是正确对待教育工作者，特别是高等学校中的教师。在高等学校中，教师既是主要的管理对象，又是主要的服务对象。在高等学校中必须充分理解和尊重教师，因为办好高等学校、搞好教育管理主要依靠教师。要尊重他们的人格和个性，理解他们具有个体的劳动方式、喜欢独立思考、遇事求真的思维习惯等特点，对他们的业务成绩要合理评价、充分肯定。

在高等教育管理中，在处理管理和服务的关系时，还必须把对上级领导机关负责和对群众负责统一起来。要管理，必然要按上级指示和规章制度办事，这是应该的，也是容易做到的。但高等教育管理事业的发展，必须依靠师生群众，只向上级负责，看不到群众，必然不会从实际出发解决问题，挫伤教师的积极性，从而不利于高等教育管理工作的开展。

第二章 高等教育管理中的
规划与控制

第一节 高等教育管理中的规划

规划是指对事物未来的发展进行预期目标和工作计划的整体设计。从宏观高等教育管理上来讲，规划功能是指高等教育管理中的战略发展规划这一事物的有效作用；从微观高等教育管理来讲，规划功能是指高校的事业发展规划的功用。进行规划是管理活动中的首要任务，因此它的功能也是我们必须弄清楚的。

一、高等教育规划的依据

在计划经济时代，高等教育规划就是指高等教育计划。我国的高等教育计划是 20世纪 50 年代末至 60 年代初，在世界经济大发展的背景下，受计划经济体制的影响逐步产生和发展起来的。

随着社会主义市场经济体制的逐步完善，作为影响高等教育系统发展的一种手段，高等教育规划通过对高等教育系统进行合理的分析，使高等教育系统更好地满足个人和社会的发展需要，更有效地实现个人和社会的发展目标。因此，高等教育规划与经济社会、人口发展对高等教育的需求密切相关。

（一）社会背景

1.经济因素

这里讲的经济因素实际上包括两个方面：一个是国家经济体制的因素，另一个是经济发展的需求问题。在我国，教育的需求主要与国民经济的发展需求相适应，与国家政治的需求相适应。

随着国家政治经济体制改革的推进，人民生活水平不断提高，我国对教育也越来越重视。根据恩格尔定律，随着人们收入水平的提高，用于生活必需品方面的支出占整个收入的比重会不断下降，而用于包括教育在内的其他非生活必需品方面的支出占整个收入的比重会不断上升。如今，对教育的需求不仅仅是国家需求，也成为一种社会需求，一种国民需求。

2. 人口因素

人口因素主要是指人口增长对教育需求的影响。除经济因素外，人口因素是导致国民高等教育需求量增加的一个重要因素。

国民对高等教育需求量的增加对高等教育规划的产生、发展起到了直接的推动作用。因为政府或社会要满足大批国民对高等教育的需求，不仅需要投入大量的教育资源来支撑庞大的办学系统，改善办学条件，而且要合理组织教育系统，合理利用有限的教育资源。所有这些，显然都有赖于周密规划的保证。

20 世纪 60 年代后，许多国家开始把制定高等教育事业发展规划作为政府的一项重要的教育管理职能，不少国家还建立了专门负责进行高等教育规划的机构，借此确定高等教育的发展目标，以及高等教育系统中各个部分的先后发展顺序，为政府进行高等教育决策提供方向，使高等教育系统中资源的使用效益尽可能达到最大化。

总之，人口因素是教育规划中教育规模规划的重要依据。

3. 人力资本因素

人力资本主要是通过教育产生的。人力资本需求越旺盛，教育的需求就越旺盛；对人力资本的质量和水平要求越高，对高等教育质量与数量的需求就越高。

人力资本是相对于物质资本而言的，它是一种生产要素资本，对生产起促进作用，在经济活动中的作用日益重要。倡导人力资本理论的学者通常非常重视教育投资的作用，认为教育不但是一种消费活动，也是一种投资活动，能够提高劳动生产率，产生经济效益。

在各种人力投资形式中，教育投资是最有价值的，是一种重要的投资活动。就个人而言，通过教育可以学习知识和技能，提高个人所得；就社会而言，教育为社会培养各类人才，有助于提高生产力，推动社会的发展。同时，由于个人的受教育水平同个人的收入联系在一起，一个人的教育水平越高，其工资收入通常会越高。因此，国家可以通过推动教育公平来缩小国民教育水平的差距，这有利于缩小国民收入的差距。

（二）高等教育需求

1.社会对高等教育的需求

社会对高等教育的需求，反映了社会政治、经济、文化等的发展对高等教育所提供的人才数量的多寡、质量的高低、创新能力的强弱等方面的要求。具体说来，社会对高等教育的需求主要体现在以下几个方面：

（1）经济发展对高等教育的需求

随着经济的不断发展，社会对高级专门人才的需求不断增长。

在我国，由于各地区、各行业生产力发展水平有很大差距，所以各地区、各行业对高级专门人才的需求是有差别的。

此外，高技术产业的崛起，信息时代的到来，产业结构的变化，也对人力资源的组合提出了新的要求。这些要求在很大程度上反映在对高等教育的需求上。

为了最大限度地满足社会的教育需求，许多国家开始对高等教育系统进行分析、规划和改造，并为高等教育系统的发展制定规划。许多国际性组织（如联合国教科文组织）也开展了大量的关于教育规划的研究、培训、实践工作，这些体现了整个世界对高等教育事业发展规划的重视。

（2）政治发展对高等教育的需求

各个国家和政府都要维护其政治体制，都要保持其在国际上的竞争力，而教育（包括高等教育）是国家政治发展的重要工具。

（3）文化发展对高等教育的需求

人类在长期的社会实践活动中，不仅创造、积累了辉煌灿烂的文化，而且要不断保持和继续创造灿烂的文化。在此过程中，高等教育起着特殊的作用。

2.个人对高等教育的需求

从个人对高等教育的需求上看，这种需求受到很多因素的影响，其中经济水平的提高是一个非常重要的因素。人们的教育需求与他们的收入水平是密切相关的。通常，在国民收入水平较高的国家，高等教育阶段学龄人口的在学率也相对较高。

人们对高等教育的规模、层次、质量、水平等的需求是高等教育规划最基本的依据。个人对高等教育的需求主要反映在个人对受教育机会的要求、个人对受教育质量的要求等方面，这些要求是由人的职业需要、成就需要、真善美需要等引起的。

（1）职业需要

随着社会主义市场经济体制的建立，劳动力市场也不断走向成熟和完善。开放的劳动力市场为不同质量的劳动提供不同的市场价格，而劳动力素质在很大程度上受劳动者的受教育程度的影响。通常，劳动者的受教育程度越高，其谋求理想职业和获取较高报酬的机会就越多。这促使个人及其家庭尽其所能为受教育者争取优质的受教育机会，以期获得较好的工作机会及报酬。高等教育是教育层次中最高层次的教育，是专业教育，也是受教育者关注的焦点。

（2）成就需要

成就需要包括：谋求较高的社会地位，以期获得别人的尊重；发挥个人的聪明才智，获得工作上的成就；等等。接受良好的高等教育，是满足这些需求的一种重要途径。

（3）真善美需要

真善美需求就是向往追求真理，追求人自身道德的完善，追求美的情感和事物。

对于接受高等教育的大学生而言，在校园文化的熏陶下，其在德智体美劳等方面都能得到发展。比如，学校德育会使大学生的世界观、人生观、价值观得到升华，学校智育会使大学生认识世界、改造世界的能力大大增强等。

以上几种个人需要构成了个人追求高等教育的基本动机，体现了个人对高等教育的需求。

个人和家庭是社会的一部分，所以在某种程度上可以将个人对高等教育的需求视作社会对高等教育需求的组成部分。相关学者应当重视对这部分需求的研究，因为个人的需求往往是社会需求中非常敏感的一部分，社会发展对高等教育提出的各种需求，很大一部分是通过个人的需求最先反映出来的。可以说，个人的需求和社会的需求有着紧密的联系，二者在很多情况下是一致的，个人的需求也会影响社会的需求。

需要注意的是，由于资源有限，社会需求和个人需求不可能都得到满足。即使是发达国家，也不能完全满足民众对高等教育的需求。

总体而言，在高等教育的规划中，需求是根本。从一定的意义上讲，没有旺盛的需求就没有兴旺的高等教育，需求推动了高等教育的发展。

二、高等教育规划的方法

从上文可知，高等教育的需求来自社会和个人两个方面，以高等教育的需求为基础的规划方法亦有两种：一是人力需求法；二是社会需求法。

（一）人力需求法

人力需求法是一种运用较为广泛的规划方法，其基本假定为：经济发展有赖于教育提供促进经济增长所需的各种受过教育和训练的人力；各经济部门的劳动生产率投入与产出结构是可以预测的，每一种产出和劳动生产率的水平都与一种特定的职业结构相联系；每一种职业都有最佳的教育结构；技能和教育之间存在对应关系；劳动力市场的过剩或短缺可通过教育来协调。

人力需求法的基本原理是以经济社会发展对人力的需求为出发点来制定规划。具体地讲，通过了解国家在某一时期劳动力的职业与教育结构和产出水平之间存在的联系，来确定高等教育的质量与数量。

从经济与人力资源的需求平衡来预测和规划，应从以下几个方面进行考虑：

1.预测经济总产出

因为人力需求预测的目标是把教育与经济发展联系起来，所以首先要预测目标年的经济总产出或预测基年与目标年之间的经济增长率。

2.预测部门产出

将经济总产出分解为各个部门的产出，计算出国内生产总值在各经济部门的分布。这里的部门是指国家的行业管理部门。

3.预测部门的劳动生产率

估算劳动生产率以及基年与目标年之间劳动生产率的变化，把产出目标换算为人力需求。

4.预测各部门的职业结构

把每一部门的劳动力分解为职业组，统计出职业组的需求结构。

5.预测总职业结构

将全部部门同类职业所需人力相加，得到为实现经济产出目标所需的每一职业的人力数和综合职业结构。

6.估算附加人力需求

根据受过教育的各级各类人力的现有储备,考虑计划期内离职和流动人力数,得出用教育水平表示的计划期内所需附加人力数。

7.平衡人力供求

根据计划期每年的附加人力需求数和各级各类学生毕业情况,考虑毕业生的劳动参与率,规划每年各级各类学校的招生数。

（二）社会需求法

社会需求法是基于人力需求法,结合整个社会的政治、经济、文化的发展来考虑的。对于一个国家而言,它不仅仅要考虑个体、局部的需求,更要考虑国家的整体,如地区、行业的需求,这些属于宏观层面上的需求。

社会需求法是一种常用的高等教育规划方法,其思想是以个人对高等教育的需求为出发点,把高等教育中个人的投资和消费集合成整体,并尽可能满足个人对高等教育的需求,以这种需求为基础制定高等教育整体规划。同时,社会需求法还要站在更高的角度,预测整个社会未来可能的需求。

社会需求法是以个人的教育需求为基础的规划方法,这里的社会需求是一个集合概念。从另外一个角度讲,社会需求法的基本原理是建立一个描述教育系统的模式,用学生从一级教育向另一级教育的流动,来描述教育系统的活动。

前面我们研究的出发点是宏观高等教育管理,而对于微观高等教育管理,学校组织的规划一般是根据上级教育行政管理部门的要求,特别是学校的发展来制定的。学校的发展目标、学校的资源状况是学校制定规划的依据,组织发展的需求是制定好规划的动力。

三、高等教育规划功能分析

规划的实质内容主要表现在两个方面:一是规划中目标的科学性;二是为达到目标所制订的工作方案的可行性。

规划是一种预期设计,结果也是预期的,而实际上规划真正的效用要通过结果来检验。

目标的科学性主要指目标的确定是否通过一定的科学程序完成,是否通过各个层面及专家系统的作用来实现,是否经过了科学的研究与论证。

方案的可行性是指完成目标的工作步骤和措施是否客观,方案的设计是否考虑了各种工作要素和客观环境条件,是否与这些存在冲突等。

综观高等教育事业发展规划的历史可知,现在编制的规划越来越讲求实效,目标越来越清晰,质量越来越高。

(一)规划的顶层设计功能

不论是宏观高等教育管理,还是微观高等教育管理,规划都是顶层设计。

宏观高等教育管理中的规划对于高等教育的大政方针、发展方向和发展目标等都进行了宏观的规划,给出了整个国家或地区的高等教育发展蓝图。

微观高等教育管理中的规划是学校组织发展的顶层设计。微观高等教育管理规划中确立的办学思想是学校发展的灵魂。

例如,某学校的办学指导思想包括:坚持社会主义的办学方向,全面贯彻党的教育方针;以习近平新时代中国特色社会主义思想统领全局,遵循高等教育规律,坚持内涵发展;以教学为中心,以学科建设为龙头,以改革创新为动力,全面提高人才培养质量、科学研究水平和社会服务能力;立足地方,面向全国,服务地方,服务行业,用数十年的时间,把学校建成优势突出、特色鲜明的高水平综合性大学。

可以说,该学校准确把握当代高等教育发展趋势,紧紧围绕区域经济和社会发展需求,对当前和今后一个时期学校的发展进行了科学的定位。规划反映了以下六个方面的定位:发展目标定位;办学类型定位;办学层次定位;学科门类定位;培养目标定位;服务面向定位。

(二)规划的战略功能

规划的战略功能可以分为:国家高等教育发展战略功能、地区高等教育发展战略功能、学校发展战略功能。规划是一个战略谋划过程,这是由规划的性质所决定的。

第二节　高等教育管理中的控制

一、高等教育目标控制

高等教育目标的实现程度是衡量高等教育管理效能的重要基准,也是高等教育管理控制的主要依据。高等教育目标在一定程度上反映了当时社会对高等教育的需求,具有预见性。随着时间的推移,高等教育活动的主、客观条件发生变化,高等教育目标也会有所改变。不论是宏观高等教育管理,还是微观高等教育管理,对高等教育目标适时进行控制和校正是必然的, 也是必要的。

同时,高等教育目标又深深地带有目标制定者对教育价值判断的印记(如对普通教育或学生个性应达到的结果的不同认识),而且现实的教育目标的实现过程通常并不完全按照教育理论家或政治家的设想进行。所以,对于高等教育目标操作过程中出现的现实与理想之间的偏差也需要控制。

各教学和行政管理部门在贯彻和实施高等教育战略目标,执行与办学目的有关的计划、程序时,往往需要制定更为详尽的子目标。需要注意的是,各子目标之间是相互关联的,它们之间的协调是重要的,也是困难的。人们往往会因各自不同的目的或利益而发生矛盾甚至冲突,尤其是在功利色彩较为浓重的组织活动中,对各自目标的追求和竞争在很大程度上影响了对总目标的追求。对于子目标在执行过程中出现的种种偏离总目标的行为,需要有一定的制度和机制对其进行调控。

从历史角度看,高等教育发展在很大概率上要面对数量扩张与质量提高之间的矛盾。对数量目标或质量目标的侧重往往带有功利色彩,比如服从于一定的政治目的(如教育机会均等),要以数量发展为保证。而从维护高等教育自身的学术地位来看,应首先考虑质量目标。

关于数量发展方面的控制:一方面,学校数量的过度扩张必然会带来教育资源分配的紧张(尽管适当的规模有助于管理效益的提高);另一方面,学校数量的增长也可能损害教育的质量。

关于教育质量方面的控制:系统内部已有的制度、管理人员的素质、师生之间的互动、学生的成绩、毕业生受劳动市场欢迎的程度等,都是质量控制的重要内容。

下面拟从高校数量控制和高等教育质量控制两方面,简要探讨高等教育的目标控制问题。

(一)高等学校数量目标控制

从世界范围来看,高等学校数量扩张的原因大致有:经济起飞阶段对专门人才需求的急速增长,政府对高等教育的政策倾斜和巨大投入,某些社会大变动造成的对高等教育政策的变革等。

就我国的情形而言,招生问题上的主要矛盾表现在政府每年对招生规模的限制与地方、学校面向社会自主办学的需要(包括招生计划编制调控上享有的自主权)上。

目前,我国普通高校招生计划管理的现状是:每年由中华人民共和国教育部等部门根据国家经济和社会发展的总体规划,经过综合平衡,提出当年全国普通高校年度招生总量,各省市在国家宏观计划和方针政策的指导下,根据本地区、本部门的实际需求、生源情况及所属普通高校的实际办学条件,编制本地区、本部门的招生计划。

对于各高校而言,在激烈的生源市场竞争中谁也不甘落后,只要政策一有松动或有可变通之处,就有可能出现超计划招生的现象。这种现象会给国家对招生数量的有效控制带来障碍。

在对高等学校数量目标进行控制的过程中,有必要分清政府主管部门与学校两者的不同职能、权利及义务。

政府的宏观调控职能应包括以下几个方面:

第一,向学校及时、准确地发布人才需求信息(包括数量、层次、规格、专业、学科、地区需求等)。

第二,制定长远发展规划,对学校进行总体指导。

第三,依据学校的办学条件,合理核定招生总量规模。

第四,制定扶植学校发展的方针、政策和措施,使学校的发展不致过分地受到市场的影响,保持学校发展的相对稳定性。

第五,对学校进行定期评估,并把评估结果作为学校能否享有或继续享有一定程度的招生计划自主调节权的重要标准。

学校方面若要享有一定程度的招生计划自主调节权,则应有以下保障条件:

第一,研究、制定学校发展的中、长期发展方向、目标和总体规模,并经主管部门核定。

第二，对学校的教学质量、科研水平、产业发展、办学条件等应承担相应的责任。

第三，在政府宏观指导下，学校逐步建立自我发展、自我约束和自我调节机制。

（二）高等教育质量目标控制

1.高等教育的质量标准

将高等教育目标分解为数量目标和质量目标，是从高等教育增长方式这一角度划分的。高等教育目标还可以从高等教育功能的角度来考察。

随着社会的进步，高等教育活动正呈现出多元发展趋势：保存和传递人类已有文明成果，培养和提高公民的素质；探求未知领域，发展科学技术和文化；高校直接参与社会经济建设，服务于社区和国家建设等。这些活动也是高等教育目标体系的重要组成部分。

由于现代高等教育具有多方面的目标与功能，因而衡量高等教育质量的标准也不是单一的。学术标准是其中十分重要的一条，但绝非唯一。除学术标准外，还有一个高等教育的适切性问题，即是否适应社会发展的需要，是否切合受教育者身心发展及其就业就职的需要等。

一般而言，高等教育系统内部往往会强调教学、科研的学术标准，强调学科、专业的内在逻辑和科学性。而社会（包括用人单位、学生、学生家长等）往往更多地关注高等教育活动的实用性。比如：学校的课程设置、教学内容是否有利于学生日后就业；在缴费上学的条件下，对入学的投入能否换来更高的回报；高校的科研是否能向企业提供新产品、新工艺，从而给企业带来可观的经济效益；等等。

在理想状态下，高等教育质量应兼顾学术标准、社会需求、受教育者意愿和能力等多方面因素。在对高校的质量评估标准中，相关专家也力图全面地反映这些因素。

在实际操作中，同时兼顾诸多因素是比较困难的。但是如果我们根据不同的质量标准（尤其是学术标准），将高校作适度分级，那么解决问题的思路可能会变得清晰些。

同一门课程在不同性质的学校的专业里，其学术性程度是不同的，衡量这门课程的质量标准自然也不同。比如，工科教育中的数学课和理科教育中的数学课是不一样的，前者强调数学作为一门工具性课程的实用价值，而后者更注重数学课的逻辑性、探索性。推而广之，高校的功能定位不同，其对某一课程学术水平的要求可以有差异，水平相近的学校可以在同类中进行竞争，在竞争中谋求发展。

截至目前，高等教育没有公认的、统一的质量标准，宏观的质量标准反映在适应度上，主要是指高等教育与经济社会发展的适应度。科学技术与科学文化知识创新水平、培养的人力资源的数量与质量是高等教育适应度的主要内容。

2.高等教育质量控制手段

从时间上看，高等教育质量控制手段可分为以下三类：

（1）前馈控制

前馈控制主要指对高等教育质量设置的过程进行控制，对高等教育质量运行的方案设计进行控制，尽量避免后期可能出现的问题。

（2）过程控制

过程控制关注高等教育质量活动过程与高等教育目标的契合程度。在高等教育运行的过程中，不断地设置一些中期评价之类的行为，可以及时对出现的问题进行诊断，使运行过程得到控制，不致在偏离目标太远的时候才去采取校正措施，这有利于保证高等教育的质量。

（3）反馈控制

有人认为，反馈控制是在活动全部结束后，通过对活动的结果进行信息反馈来加以控制——这是一种误解。反馈控制仍然在管理活动的过程中，是指对某项活动的运行状况随时进行信息反馈和控制。

当然，终结反馈也是必要的，但终结反馈的结果只能对下一个循环进行调控。

在反馈控制中要注意以下两点：

第一，要注意反馈信息渠道的正常性与多元性，避免出现错误反馈。

第二，要通过建立专业鉴定委员会等方式加强反馈信息的权威性，不应将事后的质量评估视作工作的终了，而应根据评估结果积极地为新一轮工作、活动提供质量控制、工作改进等建议。

除此之外，高等教育的质量目标控制还有评估、标准化质量管理等多种控制手段。

二、高等教育行为控制

规范高等教育的行为是高等教育管理控制功能的首要任务。高等教育行为控制主要体现在两个方面：一是高等教育的政治方向；二是高等教育各项活动的行为规范。

（一）高等教育的政治方向

教育具有国家性和民族性，所以一个国家的高等教育不可能完全没有政治性。

从知识和技术的角度讲，那些事关国家政治、军事、经济、文化安全的知识和技术是有国界的。

从国家的民族性和人才战略的角度讲，国家投入大量人力、物力，目的是为本国培育人才。作为国家教育投入的受益者，受教育者应当为国家服务，为国家建设出力。

（二）高等教育各项活动的行为规范

任何管理活动都是人的活动行为，不论是宏观管理还是微观管理，行为控制都是管理活动中非常复杂的课题。一则人的行为很难精确测量，二则我们对人的行为规律的认识还比较肤浅。近年来，随着心理学和行为科学的发展，不少学者对相关问题进行了深入探讨。

1.组织行为的管理

从微观高等教育管理来看，高等教育领域的教学与科研活动属于高智力型活动。高校的教师和学生致力于知识的探索与传播，他们在实现高等教育目标的活动中的行为有别于其他社会组织。不过，普通的组织行为管理理论与方式对于高等教育系统中的行为控制仍然是很有价值的。

组织行为管理立足于人的行为和环境的相互作用，试图通过对环境条件的控制以实现对人的行为的控制，从而促使人的行为向预期的方向发展。

在高等教育管理中，可以运用常见的组织行为管理的相关理论与方法，帮助高等教育系统的成员形成良好的职业行为。比如，只有按照一名校长应做到的行为规范与行为要求来挑选校长，并为他完成校长职责创造各种条件，才有可能得到预期结果。

2.组织行为的修正

组织行为的修正主要针对那些与完成工作任务不一致或不协调的行为,因为它们不仅会影响组织目标的实现，而且会导致组织出现功能障碍，威胁组织的生存与发展。这种组织行为修正主要包括以下五个方面：

（1）鉴别与工作有关的行为事件

和组织行为管理一样，组织行为修正特别重视外显的行为，而不太重视态度之类不可直接观察的变量。它只鉴别与工作有关的事件，而不考虑与工作无关的事件。

（2）测量行为

测量行为即观察行为、记录行为，然后根据记录描述行为，以引起人们对这种行为的注意。

（3）对行为进行功能分析

将行为和各种环境变量分解成功能因素，找出行为和环境变量之间的关系，最后找出影响和控制行为的因素，为修正行为提供科学依据。

（4）寻找修正行为的途径和方法

这主要包括三个步骤：①在分析行为功能的基础上分析行为与环境事件的联系，找出因果关系链，并确定采用何种方法修正行为；②应用和实施修正技术，常见的手段有强化、惩罚、消退等；③采用适当的强化方案，维持期望的行为。

（5）评价

对整个工作进行评价，以确定修正的方法是否妥当，为以后遇到类似的问题提供参考。

三、高等教育财务控制

高等教育财务控制是高等教育系统内部各组织借助对货币资金的筹集、分配和使用，采取的一整套管理和监督方法，目的是使有限的教育经费最大限度地发挥效能，达到预期目标。

与其他社会系统的财务控制类似，高等教育财务控制大致也包括预算、会计、决算、审计等活动。

（一）高等教育的财务预算

高等教育的财务预算主要包括对高等教育事业经费的编制、分配、执行、调整和分析等。高等教育财务预算的基本目的是确定从中央到地方主管部门、从学校到学院、从学院到系科、从系科到教学科研人员等的资源分配和调整方案。在确定预算拨款时，要对资源可选用的方案作出明确的抉择。

高等教育的财务预算工作具有计划性，可以被看作计划工作的一部分，同时它也可以视为管理工作中的控制手段（它是一种典型的前馈控制）。

一般来说，高等教育的财务预算具有以下特点：

第一，预算定期进行。

第二，预算按一定的组织系统自上而下有序地进行。

第三，预算的目的是保证教育计划的顺利实施，并促进教育效益的不断提升。

根据不同的方法，高等教育的财务预算可分为不同种类。

按其编审程序，其可分为以下几种：①概算，拟编下年度预算的估计数字；②拟定预算，未经一定程序核定的年度收入计划；③法定预算，经过一定程序审批生效的正式预算；④分配预算，按法定预算确定的范围来分配实施的预算。

按时间的先后顺序，其可分为以下几种：①经常预算，正式的常规预算；②临时预算，正式预算确立之前暂时实行的假定预算；③追加预算，在原核定的预算总额以外，按规定程序编制的增加收入或支出的预算；④非常预算，为应对意外事变所做的特殊预算。

下面介绍几种预算的编制方法。

1.追加预算法

追加预算法允许学校预算中的每一单项可以追加。这种方法的优点在于具有稳定性和可预期性，其缺点在于不能充分鼓励学校去鉴别现有计划是否有效、完备。

2.非定额预算法

非定额预算法要求每个院校的财务部门在该单位领导认为适当的水平上提出计划所需的预算申请。通常由单位领导同主管预算的人员进行协商，调整预算额，以便与可利用资金相吻合。该方法的优点是单位参与预算制定的机会增加了；其缺点是申请额与实际到位资金通常不一致，在实际分配时缺乏明确的标准。

3.定额预算法

定额预算法亦称一次总付性预算。它同非定额预算法刚好相反，院校财务部门得到一定数量的拨款，并须按此拨款数额建立起单项预算。该方法的优点是单项预算权分散；其缺点是中央行政机构对原先预算额的静止或依赖与各单位实际情况的千变万化形成明显的反差，整体上缺乏灵活性。

4.备用水平预算法

这种预算方法要求准备若干个不同水平的预算标准,如按通常水准上下各浮动 5%。中央行政机构则根据不同水平的预算方案,判别各单位业务人员的水平,对单位内项目优先次序和项目评价详情进行大致分类。

5.公式计算预算法

此方法通常以在校人数与学时数为依据,总的事业费预算中分配到每个单位的相对份额会因公式变量的变化而变化。使用此种方法时,具有同等要求的高校或项目可得到相似的资金。但也有人认为,如果在入学人数激增期间可以达到这项标准,那么在人数动荡不定或呈长期下降趋势时,它就难以维持了。另外,对于特殊的任务或短期需要,这种方法就显得无能为力。

6.合理预算法

在高等教育系统中,除中央和省市级的预算外,常见的还有高校一级的预算。随着教育改革的深入,我国高等教育体制正发生着深刻的变化,高校经费的来源也由单一型向多元化方向发展,这无疑对高校的预算工作提出了新的要求。高校级预算过去主要是支出预算,一般只要入学人数和国家财政收入持续增加,高等教育传统的预算方法大致就可以满足大部分高校的需要。而现在需要进一步增加收入预算,对于预算的分配与调整,目前也面临着许多棘手的问题。比如:供需矛盾更加突出,各校普遍感到经费不足;经费使用有诸多不合理之处,导致使用效益低下;浪费现象比较严重;等等。

20 世纪 60 年代后期,出现了建立在传统经济效率基础上的所谓“合理预算法”,其有两种主要的模式:一是使用高度集中的宏观经济理论方法来进行预算的计划、程序和预算系统法;二是使用更微观的经济概念,以分散化为特点的零点预算法。

计划、程序和预算系统法试图通过将计划的目标结果作为高校执行预算的一个必要组成部分,把预算和计划合二为一。传统的预算方法不以产出为指导,强调过去甚于将来,强调对资源的需求而不是其使用结果,不强调资源如何与目标联系。而计划、程序和预算系统法对各项目标有明晰的考虑,着眼于多年而非仅仅一年的所需费用,对实现目标的各种手段加以分析,对各种预算选择的利益或效用进行评价等。

计划、程序和预算系统法主要涉及基本政策的制定和高度集中的、自上而下的决策行为。而零点预算法却是一种把目标转换成有效行动计划的微观经济学方法。它要求对每年的每项活动从零开始重新进行全面论证,以建立新的预算。具体而言,此种方法有以下四个步骤：

第一，每个预算单位要制定出描述一项活动、功能或目标的一系列决策方案，并阐明供选择的服务等级。

第二，预算申请要按递增顺序，从低水平到高水平排列。

第三，对不同经费增加额的影响要进行论证。

第四，增值决策方案要按优先次序排列。增值决策方案应包括决策单位的目标、设想活动或其他方案的具体描述、活动的费用与效益、工作量与成绩的测定、不同水准上的工作及其收益。

总之，零点预算法的核心是对提供选择的支出方案进行规范化比较。

（二）高等教育的会计与决算

1.会计

在高等学校，会计是以货币为主要计量单位对学校的经济活动、预算执行过程及其结果进行反映、监督和管理的一种财务控制方式。它主要包括以下三个部分：

第一，会计核算。根据学校的经济活动、预算执行过程及其结果，连续进行记录和计算，并根据记录和计算的资料编制报表。

第二，会计分析。根据会计账簿、会计报表及其他资料，对财务情况进行分析研究。

第三，会计检查。根据会计凭证、账簿、报表和其他资料，对有关单位业务活动的合法性、合理性、会计核算资料的正确性，以及财政政策、财经纪律的执行情况进行检查。

会计的基本职能在于反映和监督一定范围内的资金使用情况。会计的任务主要包括以下几点：

第一，根据有关法令和规定编制并执行预算。

第二，进行经济核算，加强现金管理，做好结算和核算，提高资金使用效益。

第三，对高校的所有经济活动进行正确、完整、及时的记录，编制凭证，登记入账，上报会计报表。

2.决算

高校的决算是执行预算的总结，是反映全校年度预算结算的书面报告。在预算年度结束时，学校的财务活动便进入决算编制阶段。决算的编制一般有以下六个步骤：

第一，拟定和下达编制决算的规定。

第二，进行年终收支清理。

第三，制定和颁发决算表格。

第四，进行年终结账。

第五，编制决算。

第六，上报。

（三）高等教育的财务审计

高等教育的财务审计分为国家审计和部门审计，在必要的情况下，还有司法审计。在高等学校，审计工作是对会计账目进行检查，对有关的财政或财务收支活动情况进行监督的一种财务控制活动。财务审计主要对财务活动的以下五个方面作出判断：

第一，合理性。合理性即审核检查的经济活动是否符合有关规章制度的要求。

第二，合法性。合法性即审核检查的经济活动是否符合国家的法律、政策、法令或条例。

第三，合规性。合规性即审核检查的经济活动是否在正常或特定的情景下应该发生，是否符合学校管理的原则。

第四，有效性。有效性即审核检查的经济活动有无经济效益。

第五，真实性或公允性。真实性或公允性即审核检查经济活动的资料是否如实、适当地反映了它所要表现的经济活动。

按其内容和目的，财务审计可分为财政财务审计与经济效益审计。前者是审核检查财政财务活动，目的是对这类活动的合规性、合法性作出判断；后者以实现经济效益的程度和途径为审查内容，目的在于提高经济效益。

按照审计主体与被审单位之间的关系，财务审计又可分为外部财务审计与内部财务审计。外部财务审计是指由被审单位以外的国家审计机关、上级审计部门或民间审计组织进行的审计。内部财务审计是由本校审计部门进行的审计。

国家对审计部门的各项任务制定了详尽的规定，主要有以下几个方面：

第一，对财务收支计划、经费预算、经济合同等方面的执行情况进行监督。

第二，对内部控制制度的健全、有效与否及执行情况进行监督检查。

第三，对会计报表和决算的真实、正确、合规、合法情况进行审计并签署意见。

第四，对严重违反财经法纪的行为进行专案审计。

为了完成对高校财务的审计活动，审计部门拥有以下职权：

第一，检查有关的会计凭证、账簿、报表、决算、资金、财产。

第二，查阅有关的文件、资料，召开或参加有关会议。

第三，对有关人员或问题进行调查并索取有关材料。

第四，提出有关意见和建议。

第五，对各种不按规定、违反财经法纪的人员或做法提出处理措施，并向有关领导部门反映审计结果。

高校内部审计工作有以下几种组织实施方法：

第一，系统审计，即根据学校的办学特点，组织有关基层单位针对特定项目系统开展审计活动的一种方法。

第二，专题审计，即分别按各个职能部门所主管的业务，开展专题性内部审计工作的一种方法。

第三，同步审计，即在同一时间内，对两个以上所属单位审查内部相同业务的一种内部审计工作的组织方法。

第四，轮回审计，即把下属单位按邻近原则划分成若干片区，成立片区审计小组，片区审计小组在内部审计部门的指导下，按规定审计内容，有计划地、轮回地对本片区各单位进行审计。

第五，审计调查，即针对本单位经济活动中带有共性和倾向性的问题，对不同下属单位作相同内容的调查，以便摸清情况，及时为领导决策提供信息。

审计工作中还有一个重要的方面，就是以各项作业为对象，以审查各项作业财务上的合法性与经济上的合理性、有效性为目的的作业审计。比如，对引进某种仪器设备的作业，对进行某项教学改革的作业，都可以进行作业审计。作业审计不但要运用财务审计的一些方法，而且要运用一些技术分析方法，如网络计划技术、线性规划技术、价值工程和价值分析技术等。作业审计不仅要审查与作业有关的财务问题，还要审查对作业的管理水平，它可在作业项目的事前、事中或事后进行。

此外，审计工作的另一个重要方面是合同审计。目前，高校与社会经济、生活的联系越来越紧密，与高校有关的各种类型的合同越来越多。合同是不同法人之间为实现一定目的，明确相互权利、义务关系而订立的协议。它涉及有关法规，相关部门需要对合同的合法性、有效性和完整性进行审计，合同审计对于保障合同双方的合法权益非常重要。

合同审计的主要内容有以下几个方面：

第一，检查合同管理制度是否健全。

第二，检查签约双方是否合格，是否具有执行合同的能力和诚意。

第三，检查合同内容是否符合有关法律、法令和条例。

第四，检查合同是否完备，措辞是否准确。

第五，检查合同内容是否可行。

第三章　高等教育管理体制

第一节　高等教育管理体制的
含义和形式

一、高等教育管理体制的含义

高等教育管理体制是高等教育在管理机构设置、领导隶属关系和管理权限划分等方面的体系、制度、方法、形式等的总称。它属于上层建筑的范畴，与一定的社会制度密切相关。它既是一定的历史时期生产力水平的反映，又与一定的生产关系发展相联系，是我国整个国家管理体制的重要方面。它随着高等教育的出现而产生，随着高等教育事业的发展而发展。高等教育的管理可以分为三层，即高层管理、中层管理和基层管理，现在通常把高等教育管理中的前两层称为高等教育的宏观管理，第三层称为高等教育的微观管理，即高等学校的内部管理。与之相对应的，高等教育的管理体制包括高等教育宏观管理体制和高等学校的内部管理体制。

二、高等教育管理体制的形式

根据现代高等教育发展的要求，高等教育管理体制可以分解为下列形式：

（一）高等教育投资体制

社会主义市场经济体制是社会主义基本经济制度的重要组成部分，要求高等教育的投资体制作出改变。从办学主体看，高等教育已从单纯的国家包办向国家、社会和个人多种主体办学并存的方向发展。高等学校应成为独立的实体，在经费收支等方面享有一定的自主权。从投资渠道看，国家各级政府财政拨款、收取的学费、科研创收、社会服务报酬、校办产业收入、企业和个人投资以及海内外捐资等形式并存，这将成为未来中国高等教育投资的基本形式。

（二）高等教育教学体制

在高等学校的教育、教学活动中，与社会主义市场经济体制关系最为密切的是高等学校的专业与课程设置，以及与此相对应的一系列体制。在计划经济体制下，统一的专业课程设置不利于高等学校培养多种规格和类型的满足市场需求的人才。社会主义市场经济体制的逐步确立，要求高等学校的教育、教学体制向着国家和各级政府宏观调控、学校自主办学、社会积极参与、学生适当自由选择相结合的方向发展，并最终形成高等学校自主适应市场的教育、教学机制。

（三）高等学校内部管理体制

社会主义市场经济体制对高等学校内部管理体制的要求是建立一套高效的内部管理体制，提高办学效益和工作效率。市场经济的竞争性，要求高等学校充分发挥各个部门和每个人的作用，合理配置和利用各种资源，建立起优胜劣汰，在利益分配上兼顾学校整体利益、部门利益和个人利益的内部运行机制，在健康、高效发展的轨道上履行其为国民经济建设和社会发展服务的职能。

第二节　高等教育管理体制的
功能及其制约因素

一、高等教育管理体制的功能

高等教育管理体制的主要功能有以下四个方面：①通过规划与立法协调、指导高等教育发展，使之与社会政治、经济、科技、文化发展相适应，并确保高等教育在整个社会系统中的应有地位；②通过经费筹措及拨款，解决高等学校办学经费的后顾之忧，并体现政府对高等教育发展的导向作用；③通过评估与监督，保证高等学校的办学方向、办学水平、办学质量；④通过协调与指导，保证高等教育系统内部各个子系统间的相互配合、协调发展。

二、高等教育管理体制的制约因素

高等教育的性质与特点，决定了它与经济、政治以及科技的关系比基础教育更加直接，更为密切。在经济、政治以及科技中，经济起决定作用。经济是基础，经济基础决定上层建筑。社会主义市场经济体制是同社会主义基本制度结合在一起的，因此它必然对作为社会上层建筑一部分的教育体制起决定性的影响作用，要求高等教育体制必须进行相应的变革。

（一）经济体制对高等教育管理体制起决定性的影响

高等教育与社会经济有十分密切的关系，社会经济为高等教育提供办学资源，高等教育培养的专门人才和研究的科技成果中的相当一部分要为经济发展服务。因此，经济体制必然对高等教育管理体制起决定性的影响。过去我国实行的高等教育管理体制，就是与高度集中的计划经济体制相适应的。现在，我国实行社会主义市场经济体制，高等教育的办学资源及其所培养的专门人才和研究的科技成果，不可能不受在资源配置中起决定性作用的市场的影响。

（二）政治体制对高等教育管理体制有重要的影响

一定的文化（高等教育是一种观念形态的文化）是一定社会的政治和经济的反映。经济是基础，政治则是经济的集中表现。高等教育管理体制改革更依赖于政治体制改革。过去的高等教育体制是与高度集中的计划经济体制相适应的，同时也受高度集权的政治体制的影响。高等教育管理从来就是政府行政管理职能的一部分，如何划分政府的行政权力，政府对作为事业单位的高等学校如何进行管理，是必须解决好的问题。过去是政事不分，按照行政机关的模式来管理学校，把高等学校作为政府行政机关的附属物，政府不明确什么权力应属于高等学校，高等学校也不明确它应该有什么样的责任和权利。高等学校并没有真正成为具有法人地位的办学实体。国家机关进行行政体制改革，实行政事分开，也是政治体制改革的重要内容。若不进行政治体制改革，高等教育管理体制改革中扩大高等学校办学自主权，真正使高等学校成为具有法人地位的办学实体，以及简政放权，处理好在高等教育管理上中央集权和地方分权的关系等，都不可能解决。西方发达国家是实行市场经济体制的国家，但高等教育管理体制却存在一些差别。例如，美国实行地方分权制，高等学校都由州政府管理，学校也有比较大的办学自主权，联邦政府不直接管理高等学校；而法国的高等教育管理体制却实行中央集权制，并不与美国相同，其差别主要受政治体制的影响。可见，一个国家的政治体制对其教育体制具有非常重要的影响。

（三）科技体制对高等教育体制有重大影响

高等学校特别是重点高等学校，承担着大量的科学研究任务，是科学研究的主力军。在科技体制改革中，中央的方针、科技拨款制度的改革、技术市场和信息市场的建立，以及在科技管理中引进竞争机制等，都会对高等学校产生重要的影响。

正因为高等教育管理体制受经济体制、政治体制和科技体制的影响，所以高等教育管理体制必须与国家的经济、政治和科技体制相适应。另外，高等教育管理体制还受其文化传统的深刻影响。高等教育具有多种社会功能，不仅要适应社会当前的需要，更要考虑国家的长远和整体需要。特别是培养人的社会活动，要促进人的身心全面发展，有其自身的规律。因此，高等教育管理体制必须与高等教育发展自身的规律相适应。

第三节　国外的高等教育管理体制

高等教育的管理体制，一般是与世界各国的国家管理体制相一致的。它是各国的政治、历史、社会、文化传统等多种因素共同作用的结果，是经过长期深化而逐步固定下来的。目前，世界上大多数国家高等教育的管理体制结构主要有三种类型：中央集权制、地方分权制和混合制。就美、法、英、日、德、俄等国来讲，美国属于地方分权制，法国属于中央集权制，英国、日本、德国、俄罗斯则属介于这两种类型之间的混合制。

一、美国的高等教育管理体制

美国是实行地方分权制的典型代表。美国的宪法中没有规定联邦政府干预教育的权力，在法律上把高等教育管理权划给了州政府。虽然联邦政府设有教育部，但该教育部属一般性指导、咨询服务机构，无决策和直接管理高等学校的权力。联邦教育部的主要任务是管理联邦的教育投资，推动教育研究，收集并分发教育情报资料。但它依靠两个强有力的手段，一是影响国会的教育立法，二是通过确定教育投资的重点和范围，把联邦政府政策渗透到高等教育领域，以达到对高等教育实施有效的间接控制的目的。这样既不违反本国的政治传统，又能适应现实的社会变化。除联邦教育部外，其他政府机构也负责为高等学校提供资助或服务。各州政府则对本州的高等教育实施广泛的行政管理。多数州政府通过高等教育委员会行使两项重要权力：一是在州立院校成立以前，批准建校的必要规章；二是为新建院校发放许可证。私立院校的建立，必须得到州政府发放的执照，州政府要明确规定其首届董事会成员名单和董事会成员的选举方式。州立院校的教育经费主要来源于州政府的拨款，私立院校的教育经费主要来源于私人集团。无论是私立院校还是公立院校，都拥有比较大的办学自主权，决策、人事、财务、教学、科研等各方面都由院校自主决定。法律上还明确规定，联邦政府各部门或其职员，不能行使对教育资料印刷的指导、监督或控制权。尽管州政府可以通过立法和拨款对院校的人事、财政等方面实施方向和宏观上的影响，但也无权直接插手院校内部的具体事务。

美国是当今世界最典型的实行高等教育分权制的国家，管理学校的责任主要是由地方教育行政部门承担。这种管理体制是与美国的政治、经济制度和历史传统相适应的。

由于联邦政府无权控制全国的高等院校，因而有利于各州、各院校发挥积极性和创造性。各院校都力求适应市场的种种需要作出及时的调整，包括适应政界或公众舆论，适应学生需求的变化，适应毕业生就业市场和科技界变动发展的需要等。但是，这种"各自为政"的体制也给长期性和全局性的规划工作带来麻烦。同时，由于种种原因而无力对市场需求作出及时反应的院校，生存也常常受到威胁。20 世纪 50 年代末期以后，随着高等教育规模急速扩大，高等教育在国际国内的地位显著提高，美国联邦政府对高等教育的干预明显增多，各州对高等教育的管理也普遍加强。1965 年，美国政府历史上第一次颁布了《高等教育法》，明确规定了联邦政府对高等教育采取直接干预的态度。自此以后，联邦政府频繁颁布以高等教育为主题的法案，将其对高等教育进行调控的意图合法化。1979 年，联邦政府设立了一个独立的中央教育行政机构——联邦教育部，其被授权负责联邦关于教育法规的执行，并管理和分配联邦的高等教育补助经费。

二、法国的高等教育管理体制

法国是实行中央集权制的典型代表。法国高等教育的管理和决定权在中央政府及其教育主管部门。中央政府直接管理和调节高等教育活动，高等教育资源由政府按计划分配。在法国的高等教育体制中，中央政府的国民教育部拥有很大的权力，包括制定方针政策，审批学校专业文凭授予权，批准各级人事安排，确定限额招生专业及其招生数，分配教育经费等，几乎涉及高等教育系统运行的所有方面。法国设有大学区，大学区总长由教育部长提名，由总统任命，代表教育部长直接管理大学。大学的教育经费绝大多数来自国家，高等教育是国民经济发展规划中的一个组成部分。法国虽然也是发达的市场经济国家，但其高等教育体制实行中央集权制，这主要受其政治体制影响。在历史上，法国是欧洲的一个典型的高度中央集权的封建国家。1789 年大革命后，法国资产阶级仍采取中央集权式的管理，拿破仑当政后进一步完善了中央集权制。第二次世界大战后，特别是在 1958 年戴高乐再度上台建立第五共和国以后，进一步强化了总统的权力，更加强和稳定了中央政府的权力地位。戴高乐曾说过，高度的中央集权长期以来一直是法国统一的不可缺少的条件。但是，高度中央集权的法国高等教育管理体制，在第二次世界大战以后遭到社会的广泛非议，其中最为激烈的是 1968 年声势浩大的学潮，最终政府通过《高等教育政策指导法》，确立了高等教育改革的"自治民主"原则，赋予大学区教育行政机构和大学较大的自主权,但法国的大学自主自治是在国家强有力的领导和监督之下的。进入 20 世纪 80 年代,法国社会党政府更加强调扩大高等教育的自主权。1982 年,法国通过了《关于市镇、省和大区的权力和自主权的法令》。1986 年上台的右翼新政府更加强调减少国家干预。1989 年,法国政府拟定了一份 2000 年教育发展规划,重申了减少中央对教育的集权领导,确保学校享有自主权。

三、英国的高等教育管理体制

英国历来有大学自治的传统。英国中央政府设有科学教育部,其主要职权为制定国家教育政策,不直接管理高等学校。英国高等教育体制的最大特点是设有大学拨款委员会,起着协调国家和大学之间关系的作用。大学拨款委员会是非官方机构,只根据大学的财政需要提出意见,并将议会通过由政府提供的经费分拨给各院校。第二次世界大战后,其职能扩大到包括"根据情况需要,帮助制定和执行各大学的发展规划,以确保大学能完全适应国家需要"。20 世纪 80 年代以后,英国政府对高等教育的宏观控制有所加强。1985 年 3 月,英国政府向议会提出了《20 世纪 90 年代英国高等教育发展》的绿皮书,1987 年又提出了《迎合挑战的高等教育》的白皮书,表明了对高等教育改革的关切。1988 年,英国正式颁布了强调中央政府高等教育职能的重要文件——《1988 年教育改革法案》。据此,1989 年新设的大学基金委员会,取代了存在 70 年之久的大学拨款委员会。大学基金委员会的成员来自高等院校和工商界,由政府和该委员会主席协商后任命。很显然,英国政府借助这个组织,既达到了控制高等教育的目的,同时又避免了政府与大学的直接冲突,并且在形式上维护了大学自治的传统。英国的高等教育体制正是由于这个缓冲组织的作用而呈现集权与分权相结合的特征。

四、日本的高等教育管理体制

自明治维新到第二次世界大战结束前,日本的高等教育管理体制一直是中央集权制。这也受其高度集权的政治体制影响。第二次世界大战结束后,美国占领军在日本推行各方面的改革,高等教育体制在美国的影响下实行分权,中央政府管理高等教育的权力被大大削弱，地方和其他利益集团的权力得到加强。但由于其高度集权的传统力量，在 20 世纪 50 年代后期，日本政府逐步强化了中央管理高等教育的权力，地方分权有所削弱，形成了介于中央集权和地方分权之间的体制。一方面，日本参众两院都设有教育常务委员会，负责审查政府提出的教育方针、教育法规、教育计划等，是高等教育政策的最高决策机构，而中央政府主管教育的行政部门——文部省仍然拥有很大的权力。按照日本教育法规定，国立大学和私立大学都由文部省领导，文部省拥有学校审批、人事任免、设施配备等方面的权力，各地方教育行政部门、利益集团和大学必须不折不扣地执行。另一方面，在改革中大学自治的原则得以确立，文部省对大学只能进行原则指导，各大学依据《学校教育法》和《大学设置基准》等法律法规自行管理，在法律许可的范围内有较大的自主权。在资源配置上，国立大学、公立大学和私立大学分别由国家、地方和法人团体提供经费。日本教育行政管理的另一特色是在中央层设有社会各界代表参加的中央教育审议会、大学设施审议会、私立大学审议会等组织，都是文部省大臣行使教育行政职权的咨询机构。1981 年，首相中曾根康弘还设立了超越文部省的临时教育审议会，由首相中曾根康弘任命政界、经济界、教育界和新闻界等有影响的 25 人组成，任期 3 年。该委员会曾提出关于日本教育改革的四个审议报告，对日本的教育改革产生了极其重要的影响。

五、德国的高等教育管理体制

在第二次世界大战之前，德国高等教育实行的是中央集权制，战后由于受美国影响而趋于分权。但较之于日本，德国更接近于美国模式。德国州政府拥有高等教育决策和管理的很大权力，联邦政府在法律上不具有管理高等学校的权限。但它与美国又有明显的区别，主要表现在：德国联邦政府仍负责教育的总体规划，联邦政府的教育和科学部与各州的教育部共同承担某些教育管理职责，不像美国各州有那样大的独立性；德国大学与欧洲大部分国家的大学一样，缺乏内部的竞争力，教职员纳入国家文官体系，高等教育经费以州政府和国家资助为主要渠道，不像美国大学内部的活力来自激烈的竞争机制，经费来源主要依赖市场体系，即使国家对高等教育的经费资助也往往通过市场下达。因而，尽管从形式上看德国高等教育实行地方分权制，但其实质仍与美国的分权制不同，应视为集权与分权相结合的体制。

六、俄罗斯的高等教育管理体制

　　高等教育管理体制涉及管理机构、管理方式、管理权限和高等学校内部管理诸方面。在高等教育管理机构方面，俄罗斯独立后成立了两个联邦（中央）级的领导和管理机构，一是俄联邦教育部，二是俄联邦科学、高等学校和技术政策部。这同 1988 年以前所设的 3 个全国性教育管理机构——教育部、高等和中等专业教育部、职业技术教育委员会相比，显然是机构上的一种精简，且它们的职能范围不完全相同。与苏联教育部相比，俄罗斯教育部的管理范围有所扩大。前者主管学前教育、普通教育、师范（包括高师）教育和校外教育；后者除主管上述教育外，还主管初、中等职业教育。成立俄联邦科学、高等学校和技术政策部的目的是，把科研和高等教育统一起来，从而从根本上克服苏联长期存在的教育与科研脱节的弊端。该部的职能是领导并管理大学和师范院校以外的其他高等学校，即《俄罗斯联邦教育法》中所说的高等职业教育机构（包括各类高等学校）。该部管理高等教育的具体机构为其所辖的高等学校委员会，1993 年后称俄联邦国家高等教育委员会。

　　在管理方式上，由中央集中统一和部门条块分割的管理改为分级管理。根据《俄罗斯联邦教育法》，目前俄罗斯高等教育实行联邦（中央）、部门、联邦主体（俄联邦原有 89 个，现为 66 个，由各共和国、边疆区、州、市、自治州和自治区组成）三级管理。各级管理有其明确的权限。联邦（中央）一级主要通过其权力机关和教育管理机关对高等教育实行宏观管理。例如：制定并实施联邦的高等教育政策；组建并领导联邦（中央）国家和部门的高等教育管理机关，任命或批准它们的领导人；确定建立、改组和撤销高等教育机构的办法；建立国家高等教育鉴定部门，对高等学校进行鉴定、验收和颁发许可证；制定国家高等教育标准和标准条例；规定高等教育培养专门人才的专业目录；编制联邦高等教育经费预算；对全国高等教育系统中的劳动关系进行法律调节；等等。联邦各主体在高等教育方面则通过其权力机关和教育管理机关，制定并实施与俄联邦政策不相抵触的高等教育政策；制定本主体的高等教育法规；编制国家高等教育标准中主体部分的高等教育标准；编制本主体的高等教育预算和高等教育拨款标准；保证执行俄联邦教育法并检查国家高等教育标准在本主体高等教育系统中的执行情况等。

　　俄罗斯高等学校内部管理的原则是民主性、国家-社会性、自主性。根据这些原则，高等学校自主权，特别是办学和财产使用方面的自主权较之苏联明显扩大。高等学校内部管理的体制因高等学校性质不同而异。国立高等学校和地方高等学校实行校、系、教研室三级管理。俄罗斯高等学校由经选举产生的代表机构——校务委员会实行总的领导，由校长实行直接管理。校务委员会每届任期为 5 年。为了体现高等学校管理的民主性，校务委员会由高等学校各方代表组成，其中大学生和研究生的代表不得少于 25%。校务委员会的主要职能是：审议并批准高等学校章程及其内部规章；选举校长（据《俄罗斯联邦教育法》规定，高等学校校长既可由高等学校集体选举产生，也可由政府任命）；审议学校经济和发展中的主要问题；等等。俄罗斯高等学校实行校长负责制，但国立高等学校校长的人选需由俄联邦政府确定。这说明，俄政府在提倡高等学校自治的同时，也重视高等学校领导权的宏观控制。非国立高等学校由创办人直接领导，或由创办人组建、委托的管理委员会领导。

上述三种体制，就国际比较而言，很难说哪种体制绝对的优或劣，因为种种体制都有利有弊。一般说来，实行中央集权制，有利于中央政府对全国的高等教育事业进行统一规划，有利于保证达到高等教育的质量标准，有利于提高全国高等教育的管理效率。实行地方分权制，则有利于充分发挥地方办学的积极性；有利于加强高等学校和地方的联系，更好地为地方的需要服务并办出特色；有利于开展教育实验和自由竞争，提高办学的活力。管理体制各有其优越性，也各自存在弊端。而且，中央集权制的优越性，恰恰是地方分权制的弊病所在；同样，地方分权制的优越性也是中央集权制的弊病所在。

通过研究国外高等教育管理体制的几种模式，我们可以得到启示：一个国家采用哪种高等教育管理体制，是受其经济体制、政治体制和历史传统等多种因素制约的，并不只是由经济体制所决定。因此，确定我国的高等教育管理体制，必须深入研究我国各方面的情况，不能照搬外国的某一种模式。

第四节　中国的高等教育管理体制

确定一个国家的教育管理体制，必须从本国的国情出发，并且要与本国的政治经济制度、文化发展水平、历史传统及人口地域等因素相适应。

建立适合我国国情的高等教育管理体制，首先应考虑到我国是一个统一的社会主义国家，政体是民主集中制，不同于西方建立在地方分权基础上的联邦制。共同的政治经济文化，决定了我国在教育方针、教育内容、发展规模等方面必须加强宏观控制，大政方针必须坚持集中统一。但是，我国是一个拥有 14 亿人口、幅员辽阔的大国，国家缺乏把全国教育事业都包下来，实行统一管理的物质基础。我国的经济文化发展很不平衡，沿海与内地、城市与农村、平原与山区以及不同民族地区之间都有很大差别，若中央统一管理，则势必难以适应不同地区的实际情况。因此，建立适合我国国情的高等教育管理体制的关键，应该是在加强中央和地方两级教育部门的宏观管理的同时，进一步扩大高等学校办学自主权。做到集权与分权相结合，统一性与多样性相结合，全面规划与因地因校制宜相结合，其目的是调动各方面的积极性和主动性，增强学校的生机和活力，使学校教育主动适应经济建设的需要。总之，高等教育管理体制的改革应形成这样的格局：坚持以主动适应社会主义市场经济多元化要求为目的，以把学校建成相对独立的办学实体为中心，以政府转变职能、有效地实行宏观调控为关键，以实行中央、地方两级管理为依托，逐步建立起与经济体制、政治体制相适应的符合高等教育自身发展特点和规律的，具有中国特色的社会主义高等教育管理体制。

为了适应建立社会主义市场经济体制的需要，国家行政管理体制改革已逐步展开。高等教育宏观管理体制是国家行政管理体制的组成部分，是国家管理高等教育事业的组织机制。改革高等教育宏观管理体制，提高高等教育宏观管理水平，建立适合我国国情的高等教育管理体制，是一项刻不容缓的任务。

一、原有高等教育管理体制存在的主要问题

我国原有的高等教育宏观管理体制，基本维系了第五次改革所恢复的以条块共管为主要特征的中央与地方分级分散管理体制。1985 年，中共中央颁布的《关于教育体制改革的决定》再次提出："改变政府对高等学校统得过多的管理体制，在国家统一的教育方针和计划的指导下，扩大高等学校的办学自主权，加强高等学校同生产、科研和社会其他各方面的联系，使高等学校具有主动适应经济和社会发展需要的积极性和能力。"由于多方面的原因，虽然改革在小范围内取得了某些成效，但是从全局上讲，对上述改革思路的实施还停留在酝酿、准备阶段，包括理论和经验的准备。分级分散管理体制的基础是国家经济管理中的部门经济所有制和地方财政包干制。随着社会主义市场经济体

制的逐步建立和国家新的经济管理制度的出台，高等教育宏观管理体制的不适应性便显露出来，分级分散管理体制在实际运行中暴露出一些问题。原有体制的弊端及其所带来的主要问题体现在以下方面：

（一）条块分割，自成体系，各自封闭办学

这导致部门和地方在低水平上重复设置高等学校和专业，造成资源配置的不合理。中央部门和地方分别办学并直接管理，地方政府中各业务厅局也要自己办学校，造成大的条块分割和小的条块分割，乃至大小块块、条条也分割，形成各自"小而全"的封闭体系。在条块分割的限制下，一些已经设置的院校和专业，由于本部门或本地区对人才需要有限而不能发挥应有的作用，而另一些部门或地方却又根据自己有限的需要，投资新建同样或类似的院校和专业。这样使学校的规模效益较低，办学条件难以改善，影响了整体办学效益和办学水平。

（二）管理无序

一是管理职能无序，主要表现为宏观管理职能与微观管理职能之间的界限不明，高等教育宏观管理对高等学校的具体事务干预过多。历次高等教育宏观管理体制改革都未涉及宏观管理职能的调整。中华人民共和国成立初期形成的高等教育主管部门对所属高等学校进行直接行政管理的模式，不管是在地方分散管理体制下，还是在中央地方分级分散管理体制下都没有较大改变。尽管历次改革调整了高等学校的隶属关系，但是主管部门对高等学校的管理任务、管理方式并没有改变，主管部门依然在较大程度上对高等学校的全部事务行使管理职权。

二是分权限度无序，主要表现在中央与地方之间在高等教育宏观管理权限的划分上界限不清、责任不明。我国公立高等学校分别由中央和地方两级政府举办。因此，客观上存在两级办学主体。不同的办学主体举办高等教育的目的是不相同的。中央一级举办的高等教育主要是为部门经济服务的，地方一级举办的高等教育主要是为地方经济和社会发展服务的。关于中央与地方管理高等教育的权限，尽管有关法规规定了中央统一领导、中央与地方分级管理的原则，但是由于法律上对统一领导和分级管理的项目和内容、责任与权限等都未作出明确的解释或界定，加上不同办学主体各自利益导向的影响，致使中央的统一领导难以实现，中央对全国高等教育事业的宏观管理

未达到理想效果。

（三）专业大量重复设置

单科性院校比重过大、数量过多，造成我国高等教育在结构和布局上不合理。在过去高度集中的计划经济体制下，国家集中力量主要按部门、按行业发展经济，与此相适应，中央部门创办的高等学校以及省级业务部门管理的高等学校多数是为本部门、本行业服务的单科性院校。其中许多学校因为行业性较强，按产品，甚至按产品的零部件和工艺方法设置专业，或者本来通用性很强的专业戴上行业、部门的"帽子"，使专业面变窄，造成毕业生知识面较窄、适应性不强，后劲不足。

（四）缺乏生机和活力

由于在一定程度上，国家对办学的管理过于严格，学校缺乏办学自主权，或学校仅为行业服务，不能快速主动地根据经济、社会发展的需要和人才市场的变化对办学的形式和内容进行相应的调整，因而缺乏生机和活力。

很显然，如果不改革这种条块分割和"统"与"包"的体制，不解决由这种体制所造成的高等教育在结构、布局、质量、效益等方面所存在的诸多问题，我国高等教育就很难进一步健康发展，就不能适应改革开放和社会主义市场经济的需要，不能适应我国"科教兴国"战略、可持续发展战略以及经济增长方式转变的需要，就不能肩负起为我国社会主义现代化建设服务的历史重任。如何使高等教育更好地迎接国际竞争的挑战和适应我国社会主义现代化建设的需要，是摆在教育工作者面前的重要课题，也是社会各界普遍关注的问题。

二、我国高等教育管理体制的改革

自改革开放以来，我国高等教育规模、结构、质量和效益均获得跨越式发展和提高，高等教育管理体制改革不断深化，并取得了巨大的成就，形成了中央和省级两级政府管理、以省级政府管理为主的新体制，高等教育模式也从精英教育模式转变为普及化教育模式。我国政府一直以来都将"科教兴国"与"人才强国"作为国家发展的主要战略，针对高等教育管理体制改革也进行了大力部署，并取得大量的经验和成绩。

我国高等教育管理体制的改革历程可分为以下三个时期：

（一）高等教育管理体制探索期（1949—1977 年）

这个时期是在全面规划新中国高等教育事业、加强党对高等教育事业领导、推进高等教育事业社会主义改造背景下展开的，重点是加强对高校的控制、解决领导权问题。

新中国成立伊始，在计划经济的制度安排下，政务院（今国务院）于 1950 年颁布了《关于高等学校领导关系的决定》，明确教育部对全国高校负有领导责任。自此，政府在高等教育领域开始探索集中的宏观管理模式，确立了国家举办高等教育事业的体制。

这个时期，高等教育管理经历了中央集中管理、高校内部实行校长负责制，高等教育部直接管理与中央有关业务部门管理相结合，中央和地方两级管理、高校内部实行党委领导下的校务委员会负责制等阶段。1961 年、1963 年《教育部直属高等学校暂行工作条例（草案）》及《关于加强高等学校统一领导、分级管理的决定（试行草案）》的颁布，代表国家决定实行中央集中统一领导，中央和省（自治区、直辖市）两级管理制度，中央教育部在中共中央和国务院的直接领导下管理全国高校的行政机关，中央各业务部门协同中央教育部分工管理部分高校，各地区、各部门、各学校都要贯彻执行党中央统一的方针政策，都要遵守中央统一规定的教学制度和其他重要的规章制度，都要按照全国统一的高等教育事业规划和计划办事，高校内部实行党委领导下的以校长为首的校务委员会负责制。至此，我国高等教育行政体制基本探索构建完成。"文化大革命"期间虽有变化，但在粉碎"四人帮"后又逐渐恢复。

（二）高等教育管理体制确立期（1978—1998 年）

这个时期是在"文化大革命"后拨乱反正、恢复秩序和改革开放的背景下展开的，重点是转变政府职能，扩大高校办学自主权。

1985 年 5 月，《中共中央关于教育体制改革的决定》发布，我国针对高校管理体制提出管理的弊端，认为要改革管理体制，在加强宏观管理的同时，坚决实行简政放权，扩大学校的办学自主权。1992 年 8 月，国家教委（今教育部）出台的《国家教委关于直属高校内部管理体制改革的若干意见》指出："国家教委直属高校是由国家教委直接管理的教育实体，具有法人地位。"这是政府首次提出高等学校的法人问题。同时，国家教委还发布了《关于国家教委直属高校深化改革，扩大办学自主权的若干意见》，自此以《中共中央关于教育体制改革的决定》和《关于国家教委直属高校深化改革，扩大办学自主权的若干意见》两个文件为标志，国家从招生、专业调整等方面赋予高校不同程度的自主权。

随着高校办学自主权的扩大，高校内部管理体制改革被提上日程。1993 年 2 月，《关于普通高等学校内部管理体制改革的意见》颁布，以人事、分配制度为重点的改革全面展开；《中国教育改革和发展纲要》对高等教育体制改革的任务、目标作了进一步明确，指出："进行高等教育体制改革，主要是解决政府与高等学校、中央与地方、国家教委与中央各业务部门之间的关系，逐步建立政府宏观管理、学校面向社会自主办学的体制""在政府与学校的关系上，要按照政事分开的原则，通过立法，明确高等学校的权利和义务，使高等学校真正成为面向社会自主办学的法人实体"。为保证改革目标的实现，1995 年 5 月，《关于深化高等教育体制改革的若干意见》提出了"要通过深化改革和立法，划分、规范举办者、管理者、办学者的权力与义务"。1998 年 8 月，《高等教育法》颁布，以法律形式规定：国务院统一领导和管理全国高等教育事业，省、自治区、直辖市人民政府统筹协调本行政区域内的高等教育事业，管理主要为地方培养人才和国务院授权管理的高等学校；国务院教育行政部门主管全国高等教育工作，管理由国务院确定的主要为全国培养人才的高等学校；国务院其他有关部门在国务院规定的职责范围内，负责有关的高等教育工作；国家举办的高等学校实行中国共产党高等学校基层委员会领导下的校长负责制，校长全面负责本学校的教学、科学研究和其他行政管理工作；高等学校设立学术委员会，审议学科、专业的设置，教学、科学研究计划方案，评定教学、科学研究成果等有关学术事项；高等学校通过以教师为主体的教职工代表大会等组织形式，依法保障教职工参与民主管理和监督，维护教职工的合法权益；高等学校自批准设立之日起取得法人资格。

（三）高等教育管理体制改革深化期（1999 年至今）

2000 年之后，我国学者对高等教育管理体制改革进行了探讨，其重点是探讨大学治理变革。与此一致的是，我国政府也在这一时期积极推动大学治理方面的改革实践，典型的改革事件有北京大学 2003 年人事制度改革、武汉大学的政学分权、南方科技大学的整体创建、北京师范大学的治理结构创新等。

"十一五"期间，我国以科学发展观为统领，统筹高等教育与经济社会的协调发展，统筹高等教育规模、质量、结构、效益的协调发展，进一步完善了高等教育的宏观管理和调控机制，积极促进了高校内部管理体制和人才培养模式的改革，使高等教育始终保持了健康发展的势头。

2010 年，《国家中长期教育改革和发展规划纲要（2010—2020 年）》提出，教育管理体制改革的目标是形成政事分开、权责明确、统筹协调、规范有序的教育管理体制，初步提出"管办评分离"。

党的十八大以来，"管办评分离"融入了推进国家治理体系和治理能力现代化这个更大的国家治理背景中。2013 年党的十八届三中全会通过的《中共中央关于全面深化改革若干重大问题的决定》进一步指出要深入推进"管办评分离"，扩大省级政府教育统筹权和学校办学自主权，完善学校内部治理结构，强化国家教育督导，委托社会组织开展教育评估监测。2015 年教育部出台了《关于深入推进教育管办评分离 促进政府职能转变的若干意见》，明确了"管办评分离"的教育行动路线图。

此外，自 2013 年 11 月核准中国人民大学等 6 所高校章程以来，2015 年底全国高校基本实现了一校一章的格局，我国高校依法办学、依章程治校取得重要进展。

第四章　高等教育管理系统

第一节　高等教育管理系统概述

系统论在 20 世纪 40 年代就已经创立，而"系统"这个词的广泛应用，却是在 20 世纪 60 年代美国阿波罗计划获得成功以后。阿波罗计划本身是一个巨大的系统工程，这一计划的成功，充分表明系统方法对于解决复杂问题和大规模劳动的组织所具有的重要意义，因而也引起了人们对于系统论的理论和方法的高度重视。管理活动是由于共同劳动的需要和社会分工的发展而产生的，随着社会生产力的发展，社会分工日益复杂，人们进行共同劳动的组织规模也日益扩大，在管理活动中要处理的问题也越来越庞杂，因而也越来越需要运用系统论的思想和方法来分析和解决这些问题。

一、高等教育管理系统的概念

现代高等教育的职能主要包括人才培养、科学研究、社会服务三大部分，围绕这些职能目标，高等教育管理要不断地进行教育管理模式、方法的改革，优化教育管理过程中的各环节，使有限的教育资源得到合理的开发和配置，以提高教育质量和办学效益，实现高等教育的职能目标。在高等教育管理改革进程中，引入系统科学的概念对于推动高等教育管理科学化、现代化具有十分重要的意义。

（一）系统的概念

系统的概念在古代就产生了，古希腊哲学家亚里士多德提出了"整体大于部分的总和"这一系统论的基本命题。古代萌芽的系统观念在近代特别是现代趋于成熟，许多人如康德、黑格尔等都为之作出了贡献。马克思虽未研究过系统理论，但他却研究了世界上最复杂的系统——人类社会。一些西方学者认为，马克思第一次将系统方法应用于社会历史的研究，是"社会科学中现代系统方法的始祖"。20 世纪 30 年代，美籍奥地利生物学家路德维希·冯·贝塔朗菲（Ludwig von Bertalanffy）在现代科学的基础上提出了一般系统论。贝塔朗菲指出，在系统论的创立过程中马克思和黑格尔的辩证法起过重大的作用。

那么，究竟什么是系统？有人把系统规定为有组织和被组织化的全体，还有人认为系统是以规则的相互作用又相互依存的形式结合着的对象的集合，而目前对之普遍认同的界定是指由相互联系、相互作用的若干要素按一定方式组成的有特定功能的统一的整体。系统的规模大小是不同的，并且有层次之分：大至宇宙太空，有总星系、银河系、太阳系等不同的系统；小至微观世界，有原子核和电子组成的原子系统，原子核又是由中子和质子组成的系统。生物界也是一个系统，许许多多门类种属是生物界系统中的各个子系统，每个生物有机体又都是一个系统，甚至每一个单细胞生物也是一个系统，它是由细胞核、细胞质、细胞膜等组成的系统。可以说，自然界从无机物到有机物都是以系统的形式存在着的。

（二）管理系统的概念

管理系统就是把管理对象看作一个系统，用系统的方法来研究管理问题。系统理论在总结传统的管理思想经验的基础上，对管理提出了许多新的概念。主要包括以下五个方面：

第一，整体优化的概念。一切工作都要从整体目标出发，而不是从局部出发。为了整体目标的实现，局部利益必须服从整体目标。

第二，结构概念，又称为合理组合。整体优化来源于结构的变化或结构的调整。管理者面对有限资源和约束条件，只有采取结构重组和对资源的合理配置，才能达到整体优化的目的。

第三，开放和闭合的统一概念。在系统与环境之间以及各个系统之间必须开放，通过开放达到相互交流物质、能量和信息的目的以得到发展。

第四，动态平衡概念。每个管理者都要构建一个稳定、平衡、有序的环境。

第五，信息反馈概念。信息反馈是信息传递的一条线路。它把输出的信息一部分再输送回来，以便对原来规定的目标值或标准进行比较。通过偏差分析证明是负反馈还是正反馈，然后管理者再采取调整措施，以达到整体优化的目的。

系统方法就是按照系统科学的观点和理论,把研究对象视为系统来解决认识和实践中的各种问题的方法的总称。系统方法要求人们把研究对象看作一个整体，把事物的普遍联系和永恒发展看成一个总体过程，全面把握和控制对象，综合探索系统中的要素与要素、要素与系统、系统与环境、系统与系统的相互作用和变化规律，以便有效地认识和改造对象。系统方法主要包括信息方法、控制方法、反馈方法、系统分析方法、系统决策方法等。它们在自然科学、技术科学、社会科学、管理科学等多个领域，都有着极为广泛的应用。用系统方法进行研究，不仅给系统科学的学科群提供了方法论的支撑，而且为其他学科的研究发展开辟了一种新的认识方法和思维方法。

（三）高等教育管理系统

在系统理论的视野下，现代高等教育是一个开放的复杂的多元化系统，它不是孤立地存在于社会整体之中，而是要与社会中其他子系统相互联系、相互作用、相互渗透的。它与社会大系统之间保持着密切的人力、资源、信息交换关系。同时，高等教育系统内部又由各个子系统构成，高等教育系统本身具有整体性和独立性。子系统各个要素之间的不同联系组成了大学组织系统中的不同结构,对大学组织系统发挥出各自不同的不可或缺的功能。

系统理论已经渗透到高等教育管理的各个环节之中。高等教育系统由许多相互作用的元素构成，它们在结构形式、目的、态度、动机、状态等方面相互影响。要使高等教育系统发挥最理想的作用，就必须对这些元素加以适当控制和安排，使它们各得其所，而这正是系统理论的一个重要应用。系统理论通过系统分析和运筹学，运用线路、序列调整、减少排队等方法寻找高等教育管理的最优化方案，使高等教育管理更加科学、规范。同时系统理论强调"整体大于部分之和"，整体性是系统思想和系统方法的核心和基础，是系统思想的一个基本定律，这个原则运用到高等教育管理工作中就是强调系统的整体性，强调高等教育的全局性，坚持局部服从整体的原则。高等教育管理系统就是指用系统的思想来处理、协调和控制高等教育系统各要素之间的相互关系，从而达到高等教育系统的整体优化和高效运转。

二、高等教育管理系统的基本要素

系统是相互作用和相互联系的各种要素组成的整体。值得注意的是，这里的要素，并不完全等同于元素。元素是构成系统最基本和最原始的、一般不可再分的、彼此之间又具有相对独立性的要素；要素则表示系统的各种组成部分，它可以是元素，也可以是若干元素的组合，还可以是系统元素之间形成的某种关系。系统是由要素组成的，要认识一个系统，就需要了解系统的各种要素。高等教育管理系统的基本要素，可以从以下几方面来分析：

（一）管理主体

管理主体即管理者——承担管理责任、具有管理能力和从事管理活动的人或一定的组织机构，它回答"谁来管"的问题。在高等教育管理系统中，构成高等教育管理活动的主体是极为复杂的，并不是在任何条件下都是作为主体而存在的。在一定的条件下，此一时的主体可能是彼一时的客体。在具体的高等教育管理系统中，谁是主体要作具体的分析。高等教育管理系统的主体包括：高等教育行政主体、高等教育办学主体、高等教育经营主体、高等教育教学主体、高等教育学习主体。

高等教育的行政主体是指对高等教育活动行使领导管理权的政府教育行政机构，它依法拥有高等教育的决策统筹权。高等教育的办学主体是指高等教育机构的创立者，或依法负责创立者所创立的高等教育机构的继任者，他依法拥有高等教育机构的产权。高等教育的经营主体是指高等教育机构的具体经办、管理者，他受办学者委托，全面负责高等学校的经营管理工作，他依法拥有高等教育机构的经营权。高等教育的教学主体是指高等学校的教育者。广义的教育者包括教师和教学辅助人员，狭义的教育者仅指教师。教师在高等学校中开展教育教学改革和实践，从事科学研究、学术交流，参加专业学术团体，在学术活动中可充分发表意见，指导学生的学习和发展，评定学生的品行和成绩。高等教育的学习主体是学生。学生是受教育的对象，依法享有参加教育教学安排的各种活动，使用学校教学设施、图书资料的权利，并对学校的管理具有发表意见和建议的权利。

（二）管理客体

管理客体是指高等教育管理系统中特定主体实践活动的作用对象，它回答"管什么"的问题。从管理活动的本义来说，管理活动是作为人们的一定社会职能活动的协调活动出现的，管理活动的基本作用对象便是这种社会职能活动中的主体。但由于人与自身活动之间、人与某些社会组织之间、人的活动与相应的物质条件和一定的时空之间的关系密不可分，因此在实际管理中，管理活动的作用对象不仅仅是人，还会包括这种社会职能活动中的其他各种要素，包括一定的社会组织、有关的物质要素以及时间、信息等。由于高等教育管理主体的多样性，能够纳入高等教育管理系统的客体也表现出多样性。由于高等教育的层次性，高等教育管理活动的主体和客体的区分是相对的。就具体的管理活动而言，在一种关系、一种层次上是主体，而在另一种关系、另一种层次上又是客体。例如，国家教育行政主体是教育部，各省市教育厅是接受教育部领导的客体，但是相对于各省市所属的高等学校而言，它又是高等教育行政的主体。高等教育管理系统主客体区分的复杂性、相对性并不否认主体和客体区分的确定性。只要具体的范围、关系、系统确定了，高等教育管理活动的主客体区分和确定也就迎刃而解了。从这一角度来说，高等教育管理对象可以包括高等学校办学活动的各种要素，它至少应当包括三个方面：一是高等学校的组织体系；二是高等学校的各种社会职能活动；三是高等学校办学活动中（包括人、财、物在内）的各种有关资源。

（三）管理方式

管理方式是管理主体和管理客体之间的相互联系和作用的方式，或者说是这种相互联系和相互作用的各种中介的总和，它回答"怎样管"的问题。在高等教育管理活动中，高等教育管理活动的主体一方面根据一定的目的、计划、意志、愿望作用于活动的客体，证实自身存在的价值；另一方面又接受周围环境及客体对自身的影响，改变自身存在的价值。高等教育管理活动中的主客体之间的相互作用使得高等教育管理系统的各要素得以彼此结合，离开了主体的实践活动，高等教育管理系统的主体、客体、各种活动条件都将成为静态的、孤立的要素。因此，高等教育管理系统主客体之间的相互作用是构成高等教育管理系统各种要素彼此结合起来的唯一方式。方式的内涵是极其复杂和极其丰富的，一般来说，它可以包括管理活动的方法、手段、模式、体制、风格等。例如，高等学校的管理方式，反映在高等学校的管理领导体制、领导者的工作作风、管理的具体方法和技术手段等各个方面。

（四）管理目的

管理目的是指高等教育管理主体通过管理活动期望达到的结果。它回答"为什么管"的问题。所期望达到的这种结果，在最终意义上，并非管理者活动的直接结果，而是管理客体活动和变化的直接结果，就像交响乐主要是交响乐队演奏的直接结果，而并非乐队指挥活动的直接结果一样。因而，对于一定的社会组织而言，组织中的管理目的与组织的职能活动目的基本是相同的。但是，组织管理活动的某些直接目标或阶段性目标，如构建适当的组织体系、确立有效的组织活动机制等，又有别于组织的职能活动目的。高等学校的管理目的，最终而言，就是高等学校的办学目的，这种目的的实现主要取决于广大师生员工的活动，特别是作为教育科研活动主体的教师的努力。因而管理活动首先或最直接的目的，便是充分调动和激发全校广大师生员工特别是教师的积极性、主动性和创造性。

（五）管理环境

管理环境一般指系统存在的外部条件。教育作为社会母系统中的一个子系统，必然要与社会的其他子系统进行功能交换、信息交流，而且与社会的政治、经济、文化等方面存在着纷繁复杂的横向联系，这种联系是立体网络式、双向复合的制约关系，比如系统的输出与输入之间的关系，系统之间的层次关系，系统的所有组成部分中的参数和变量与系统特定功能之间的联系，这些都表示系统的相互作用和相互依赖的有机联系。教育、政治、经济、文化等各个因素，在社会母系统中不仅是各自独立的子系统，而且是组成母系统的有机成员。教育不仅与政治、经济、文化等发生相互作用，也同社会环境处在有机联系之中。这就要求我们必须从综合的角度研究教育，这样才能对教育的社会价值作出合理的说明，也就是在教育与社会的关系这一问题上，不仅需要考察教育同政治、经济、文化等因素的联系，还要多层次地理解其中每个因素对教育的作用。高等教育管理系统与环境的接触界面无疑是系统不可忽视的重要组成部分。特别是对于管理活动来说，一方面，管理活动的重要职能之一就是调节系统与外部环境之间的关系；另一方面，在现实世界中，任何管理活动系统都不可能是一种完全封闭的系统，在管理活动过程中，系统内部的各种要素都要受到外部环境因素的影响。因此，系统与环境的关系也应该是管理活动中不可忽略的一个基本要素。

根据高等教育管理系统基本要素的分析，我们可以这样认为：所谓管理，即管理主体在一定环境下以一定方式对管理对象施加作用，以达到预期目标的活动或过程。高等教育管理即高等教育管理者在一定社会环境下根据高等教育的目的，对高等教育系统中的各种管理要素施加一定的作用，以保证高等教育目的的实现。

三、高等教育管理系统的特征

系统思维方法是指系统科学为人们提供了一种以整体性、综合性、动态性、开放性等为原则来解决多因素、动态多变的组织复杂性系统问题的科学思维方法。用系统的方法来分析高等教育管理系统，我们可以看出高等教育管理系统具有以下几个特征：

（一）高等教育管理系统的整体性

系统科学认为，整体性是系统最基本和最主要的特征之一。因此，系统思维方式着重从整体上去揭示系统的结构与功能、系统内部各要素之间以及系统与环境之间的关系。一方面，系统科学要求把系统看作各要素以一定的联系组成的一个有机整体，在处理系统的各个组成部分之间的联系时把它们放在整体中考察；另一方面，系统科学认为系统"整体大于部分的总和"。构成整体的系统具有各部分所不具备的新的特点、新的性能表现。这对于理解和处理组织性、复杂性、不确定性的问题是非常重要的。高等教育管理也是一个系统，系统各个组成部分之间的相互联系和相互作用，以及系统与社会环境的相互联系、相互作用，使得社会环境、系统、系统内部各个组成部分有机地协调起来，通过结构的优化，达到提高整体效益的目的。因此，高等教育管理者要适应经济、科技和社会的发展趋势，把德育、智育、体育、美育、劳动教育等有机地统一在教育活动的各个环节中，形成一个整体的教育，同时还要从整体和部分、结构和功能、存在和演化等多角度进行全方位的立体研究，促使高等教育各方面相互渗透、协调发展，从而实现高等教育的目标。

（二）高等教育管理系统的综合性

综合性是系统思维十分重要的一个特征，它包括三方面的含义：一是指系统目标的多样性和综合性；二是指处理系统问题时要全面综合考虑一项措施引起的多方面的后果；三是指解决同一个问题可以采用不同的方法。高等教育管理系统是一个多目标系统。整个系统具有政治功能、经济功能和文化功能，承担培养专门人才、开展科学研究和为社会服务三项基本职能。同时，高等教育管理系统的目标还是分层次的，系统的目标也随着时代的发展和社会的进步而不断变化发展，目标之间也存在辩证的互动关系。在高等教育管理活动中采取的方法或措施不仅可以产生预期的效果，也有可能带来意想不到的后果，因此在高等教育管理过程中，进行政策分析和选择方案时对各种可能的结果要进行综合考虑，尽可能地消除不利影响。

（三）高等教育管理系统的层次性

层次性是系统的一个主要特性，是指系统和要素（或子系统）之间客观存在的地位、等级和相互关系。系统科学告诉我们，系统的各层次子系统具有不同的结构和性能特点，高级层次在系统中居主导地位，系统整体的性能主要是由其最高级层次的结构和性能决定的。同时，系统科学要求我们正确分析系统的层次关系，既要考虑纵向层次的支配与被支配、作用与反作用关系，还要考虑横向的相互作用。在高等教育管理系统中，层次性要求管理活动要抓主要矛盾，分层次和分等级思考。这是因为，一方面，高等教育管理系统由不同层次构成，不同的层次又发挥着不同的功能和作用。用层次性来揭示高等教育管理系统纵向的等级性，不仅可以考察不同层次水平的共性，也能发现其个性。另一方面，高等教育管理系统又是由不同方面构成的，且呈现多样性的特征，在纷繁复杂的系统矛盾中要善于抓主要矛盾和矛盾的主要方面。

（四）高等教育管理系统的动态性

系统是作为过程而存在的，有相对静止性和相对稳定性，且有发生、发展和灭亡的历史。系统的运动、变化和发展有其自身固有的规律。高等教育管理系统作为整个人类社会的一个子系统，是人类社会发展到一定历史时期的产物，同时它不是一成不变的，而是伴随着人类社会的发展而不断发展变化的。一方面，它受制于社会政治、经济、科技和文化的发展变化而要不断地调整和变革；另一方面，它又沿着自身发展的内在逻辑性而不停地发展变化。我们分析高等教育管理系统时就要将其置于当前社会发展的大环境中，同时也要从整个社会历史发展的大背景下来考虑其历史性、动态性和发展性，不仅要注意到它变化发展的方向和趋势、活动的速度和方式，而且要探讨它们变化发展的动力、原因和规律，从动态的观点来考察其变化，从中探索和总结高等教育管理的发展规律。

（五）高等教育管理系统的开放性

高等教育管理系统必然受到外部环境的影响，系统思维把所考察的系统视为开放系统，认为任何具体系统作为一个整体都不是孤立存在的，而总是处在一定的环境之中，与环境（也就是其他系统）之间不断地进行着物质、能量和信息的交换，存在着相互联系和相互作用。高等教育的基本功能是为社会的各个部门培养专门人才，提供科学研究成果。为此，它首先必须获得社会有关方面的投入，再通过自身的有效运行，向社会输出专门人才和科学研究成果，即产出。同时，它必须同经济、政治、文化、科学等系统交流不断变化的信息，受社会各有关系统制约并为之提供服务，以便在主动适应外部环境的变化中获得社会的支持并增强自身的活力，发挥自身的功能，实现自身的价值。鉴于高等教育的这种开放性，高等教育管理系统作为整个社会的一个子系统，同样是一个复杂的、具有多层结构的开放系统，它比其他系统更需要同环境的方方面面进行物质、能量和信息的交换。

系统方法一直把系统看成动态的"活系统"，虽然在科学研究中，人们经常采用理想的"孤立系统"或"闭合系统"的抽象，但是实际存在的系统总是动态的，永远处于运动变化之中，在运动中持续地与外界进行信息与能量的交流，维持系统组织的活力。高等教育管理系统本身的功能决定了它需要形成开放的系统，在高等教育机构与社会有机体的协调互动中实现系统优化。

第二节　宏观与微观高等教育管理系统

一、宏观高等教育管理系统

宏观高等教育管理系统是根据宏观管理的功能要素形成的。宏观高等教育管理的系统结构主要是对高等教育发展战略、高等教育组织办学方向、学科发展、教育质量等的规划和控制管理，它主要表现为高等教育的行政管理。

高等教育行政管理是国家教育行政部门依据高等教育发展的规律和国家高等教育的目的，有计划地协调整个高等教育系统的各种关系和资源，确保国家培养高层次人才目标实现的过程。高等教育行政管理解决的是政府教育行政部门和高校之间的关系问题。它是高等教育管理中具有全局性的组织制度，具体包括机构设置、权责划分、领导关系以及管理方式等。同时，它也是决定高校管理的前提，规定了行政部门和高校的工作职责和管理范围。在我国，高等教育行政管理是国家教育行政的重要组成部分，是国家教育行政机关为实现高等教育目的，使高等教育有组织、有系统地开展，依法对各类高等教育事业和所属高等教育机构进行的经济而有效的领导和管理活动。具体地讲，可以从以下几个方面来理解：

（1）高等教育的两级行政管理

高等教育行政活动的主体是国家和地方政府教育行政机关，即中央教育行政机关和地方教育行政机关。中央教育行政机关和地方教育行政机关是领导与被领导的关系，地方教育行政机关接受上级教育行政机关和本级政府的双重领导；同时，地方教育行政机关又对本地的教育组织行使宪法赋予的管理权，它本身具有一定的自主权。

（2）高等教育行政管理的目的

高等教育行政管理的目的是实现国家法律规定的教育目的，保障公民接受高等教育的基本权利，培养国家所需要的各类专门人才。因此，国家对高等教育具有管理的权利，这种权利更多地体现为管理的责任和服务的义务。高等教育行政管理应当为实现高等教育目的创造必要的条件，以保障高等教育事业的发展和教育改革的成功。

（3）高等教育行政管理的作用

高等教育行政管理的作用在于通过实施《高等教育法》和有关法律法规、教育政策来规范高等教育行为，通过一些手段和方法来调动高校各方面的积极性，使高等教育活动有组织、有系统地展开，经济、规范地运行，保证国家高等教育目标的实现。

（4）高等教育行政管理的下位概念和上位概念

高等教育的行政管理主要体现为教育部和地方教育行政部门对高等教育组织进行管理，这些方面的管理构成了高等教育行政管理的下位概念，这些下位概念整合构成了高等教育行政管理的内容。

高等教育行政管理的具体内容包括：申办高校审批的管理、学科专业设置的管理、学位与毕业证书的管理、办学方向的管理、高校领导班子的管理、办学规模与层次的管理、办学经费管理、教育质量的管理、科学研究的管理、招生与就业的管理、政治与国防教育的管理等。当然，高等教育行政管理的下位概念有些也可以说是中观管理概念。

既然有下位概念，那么上位概念是什么呢？有学者将上位概念视为一个国家和地区的高等教育战略管理。这种战略管理的含义大致有以下几个方面：

第一，各时期国家高等教育发展目标与发展规划的管理。

第二，国家高等教育布局、区域发展的协调管理。

第三，国家高等教育发展的调控管理，包括政治方向、教育立法、教育发展（层次、规模、速度）、国家教育投资等的管理。

总体而言，宏观高等教育管理系统的表现形式是比较简单的。从系统的性质来看，它主要实施的是规划、决策、监控。规划和决策是一种行政权力性组织管理活动，利用专家系统和组织系统按照政策法规办事就可以解决问题，而监控要涉及具体的微观管理活动的方方面面，有时间、程序、规范、机制方面的管理活动，因此有必要成为一个系统。

宏观高等教育管理系统主要表现在战略规划与监控调节方面，而管理活动的一项重要内容是反映监控系统运行的好坏，因为监控的结果直接影响规划和决策的落实。

高等教育宏观管理体制并非空中楼阁，它是在本国的国家体制、社会背景、历史传统等的基础上发展起来的。因此，不存在哪一种模式比另一种模式更好的问题，只存在哪一种模式更适合本国国情的问题。

在我国，高等教育宏观管理应该注意以下两个方面：

一是应该实行统一领导、宏观指导、分级管理的体制。我国地域辽阔，区域经济发展不平衡。在现有综合国力的条件下，要取得教育事业的更大发展，高等教育行政管理必须实行统一领导，在加强中央宏观控制和指导的同时，真正地把发展多样性的高等教育（如部分以面向地方服务为主的普通高等教育、高等职业教育等）的责任和权力交给地方，调动社会各方力量办高等教育的积极性，形成分级管理、分级办学的完整体系。

二是高等教育行政管理应该坚持法律化和民主化。高等教育行政管理体制改革的主要问题不单单是一个管理权限的下放调整问题，关键在于制定和有效地执行《高等教育法》及相关法律法规。我们要坚持我国高等教育管理中的一些好的做法（如遵循民主集中制原则），同时借鉴一些国家高等教育管理中的优秀经验，这样才能有效地提高高等教育行政管理的质量、水平、效益。

二、微观高等教育管理系统

微观高等教育管理是指实施高等教育活动的高等教育组织，依据高等教育目的和高等教育发展的一般规律，有意识地调节组织内外的各种关系和资源，以有效地达到既定的高等教育系统目的的过程。它是高等教育管理系统中的下位主体系统，涉及具体的高等教育管理活动，可塑性大，可作为性强，是我们研究的重点。

这里的高等教育组织主要是指高校，但不等同于高校，因为高等教育组织除高校外，还有高等教育科研机构、高等教育咨询服务机构等其他组织。不过，目前常见的该类型研究一般指高校组织管理的研究，以及由此形成的高等教育管理系统的研究。

（一）高校内部管理的依据

1.高等教育组织运作的一般规律
高等教育组织运作的一般规律包括以下两个方面：

一是高校的办学与经济社会协调发展的规律。具体来讲，教育的规模、结构、质量可通过人才培养、科学研究的社会效益反映出来，高等教育组织要在高等教育行政管理之下有效地发挥自己的职能，表现为与系统的关联性和与外部的适应性。

二是高等教育活动与学校客观功能的发挥相适应。学校的社会定位确定了这所学校的功能，这就是学校的客观功能。培养各级各类高级专门人才的教育功能是高校的核心功能，而研究型高校还非常重视科学技术创新、知识创新等功能。

2.高等教育的目的
高等教育最根本的目的是培养德智体美劳全面发展社会主义建设者和接班人，高校的一切教育活动都应围绕这一目的展开。因此，高校管理必须依据这一目的，实施符合教育规律，有我国特色、学校特点的管理方式。高校的教学管理、科学研究与学科专业建设的管理、学校党务管理、学校行政管理、学校后勤管理等必须围绕这一目的开展，否则高校管理就会失去目标，偏离方向。

（二）高校内部管理系统

学校内部管理系统的划分没有明确的规定，一般来讲，可以分为行政管理系统、党务管理系统、后勤管理系统和其他管理系统。其中，行政管理系统主要是日常的人、财、物等教育资源的管理调配系统，以及各项行政活动的计划、组织、协调、监督管理等系统。党务管理系统体现了学校办学方向，是党对基层组织领导的保障系统，主要通过思想政治、社团等工作，调动各方积极性，促进学校办学目标的实现。后勤管理系统是支撑学校生活服务保障的系统。

1.行政管理系统

学校的行政及直属部门管理系统可以分为四个部分：

第一部分包括教学管理系统与科研管理系统。它们是学校行政管理系统中的两个主要的子系统，之所以说它们是两个主要的管理子系统，是因为它们是学校内部管理的最主要的功能性系统，学校的教育性功能和科学研究性功能都反映在这两个子系统上。

第二部分就是支撑上述两个功能实现的子系统，即人力资源管理系统、财务管理系统、资产管理系统。

第三部分为行政协调和监督系统，即学校办公室、监察审计部门等。

第四部分是根据学校发展需要设置的行政直属系统以及临时系统。

（1）教学与科研管理系统

高校教学管理是指高校在一定的时间和空间内，为了实现一定的教学目标，合理有效地调配高校中的人、财、物，以保证教育教学与人才培养的质量，最终达到教育教学目标的行为过程。

目前，我国高校设置的教学组织通常是院（系），院（系）下设教研室（组）。除此之外，随着社会的发展，一些高校开始设置学部。有的高校是以学科专业来设置教学组织的，通过学科带头人来行使组织管理与实施教学工作的职能。学校内部的教学组织系统一般是由学校的教务处和院（系）下设的教研室（组）组成的，一般高校为校院（系）两级管理。

教务处在主管校长的领导下协调全校的教学活动，通过制度进行管理，是学校教学管理的职能部门，其主要工作职责有以下几点：

第一，专业和人才培养计划的管理：根据学校发展规划和发展定位，论证和申办新专业，调整旧专业。按照专业培养的目标要求，制订人才培养计划。

第二，组织教学计划的实施，进行教学的日常管理：修订年度教学计划，修订课程教学大纲，提出课程教学要求；下达年度教学计划，编制校历，协调教学资源，按照教学环节的目标要求进行过程管理。

第三，教学制度的管理：制定教学的各项规章制度，包括教学管理人员、教学人员的管理制度，各教学组织单位的管理制度，学生的学习管理制度，学位证书、毕业证书的管理制度，与教学相关的其他制度等。

第四，教学质量管理：对各个教学环节进行过程控制，组织期中教学检查，组织年度教学工作考核，确保教学活动的正常进行；开展教学研究，建立和完善教学管理的有效工作机制，促进教学质量的提高；开展品牌专业、精品课程的评估评选活动，保证专业人才培养的质量。

教学院（系）落实学校下达的各项教学任务，具体实施本院（系）专业的教学活动，以教书育人为目的，调动本院（系）师生共同参与教学的积极性，把人才培养质量的具体指标落到实处，把教学的投入产出工作做到实处。

学校的专业建设是保证教育教学质量的重要手段。学校的专业建设主要是专业教育的建设，具体反映在人才规格要求、课程结构、教材及课程内容、条件平台、教学方法及手段、师资队伍等方面。它根据社会对人才的要求，不断地调整人才培养的目标，不断地更新教育教学内容，不断地改进教育教学方法，优化课程设置，形成合理的课程结构与体系。

教学管理是高校人才培养管理的重要组成部分，是在教学活动过程中实现的。实施教学质量管理和制定科学的教学管理制度，形成全方位的质量保障机制，是高校教学活动成功的关键。

高校科研管理是与学科建设相关联的，是指高校在特定的时空范围内，依据科技发展和高校科研的特殊规律，为实现特定的科研创新目标，合理有效地调配人、财、物，以适应高校内外环境的变化，最终达到科研目标的行为过程，并由此形成了科研管理系统。我国高校的科研管理工作，由校（院）长或主管科研工作的副校（院）长负责，主管全校科研工作的职能部门是科研处，各院（系）分管科研工作的领导根据学校的科研目标任务，有步骤地实施科研计划。

科研处的工作职责主要包括以下几个方面：

第一，科研计划管理：编制科研中长远计划，编制近期工作计划。

第二，科研组织与制度管理：代表学校制定科研管理政策，组织申报各级科研项目，组织评审科研成果，组织科研成果奖励的申报，组织科学技术成果的推广，组织科研信息及学术的交流，提供科研方面的信息服务。

第三，其他管理：学术委员会或科学委员会的组织服务工作，专利事务的日常工作，协调科研团队培育科研创新的工作，科研事务的其他工作等。

院（系）主要根据学校的科研目标总体要求，分步实施科研计划，以较好地完成学校对院（系）的科研投入与产出。

（2）教学科研的主要支撑系统

第一，人力资源管理系统。它是指组织或社会团体运用系统学理论方法，对组织人力资源的方方面面进行分析、规划、实施、调整，做好人才的引进、培养、考核、晋升等工作，并通过相关制度调配人才，提高人力资源管理水平，使人力资源有效服务于组织或团体目标。

第二，财务管理系统。它通过预算、决算和财务制度的管理，量入为出，对各项财务的支出进行有效的控制和管理。高校内部的财务管理有的实行的是学校高度集中管理，有的实行的是两级管理。学校的经营部门实行的则是独立核算的管理方式。

第三，资产管理系统。现代高校的资产分为有形资产和无形资产：有形资产是实物性资产，它包括地产、房产、教学科研仪器设备、生产生活设备等；无形资产则包括学校的校名、学校在多年的办学过程中形成的文化品牌、注册的商标等知识产权方面的资产。

（3）行政协调和监督系统

一般而言，学校办公室、监察审计部门等为学校的行政协调和监督部门，由此构成行政协调和监督系统。

（4）行政直属系统

根据学校工作要求的不同，学校设置的发展规划部门、政策法规部门、教育研究部门、图书馆、期刊社，以及其他直属部门等构成了学校的行政直属系统。

（5）临时系统

有的学校设有专门的、临时的直属管理部门，也有的学校是将这些单位挂靠在某个职能部门之下的。

2.党务管理系统

党务管理系统是国家为了对高校进行政治领导,根据工作职能所设置的党务工作机构,并形成了一套管理系统。该系统通过党的组织部门、宣传部门、纪律检查部门,保证了党对高校的绝对领导,保证了高校的办学方向,保证了高校把党的办学方针政策落到实处;通过工会、共青团、妇联等社团组织,调动广大教职工的办学积极性,为完成学校的发展目标做好政治思想保障工作。

除了学校一级的党务工作部门,学校还在院(系)和有一定党员人数的单位设立党的基层组织。

3.后勤管理系统

高校后勤管理是指依据后勤社会化的一般规律和高等教育培养人才的特殊规律,通过调节高校内外部相关的后勤资源,最终为培养人才的教育目标服务的行为过程。由日常生活生产服务、基本建设与维修等部门构成后勤管理系统,也称后勤服务系统。

我国目前大多数高校后勤工作实行甲乙方模式,由后勤部门、基建维修部门、其他服务公司等组成后勤服务系统,实行公司化运作。学校分管校长通过后勤处,提出学校后勤工作的目标,后勤服务公司采取协议的形式、招标的方式得到服务项目。

随着经济和政治体制的改革,高校后勤社会化正在不断地深化,其管理系统也在不断地完善。高校后勤管理改革的根本目的是理顺高校的职能,使高校做自己应该做的事,把社会该做的事情放给社会做,减轻学校的负担,使学校轻装上阵,行使好自己的职能。

后勤服务工作为学校教学、科研等各项工作提供服务,以提高高校办学效益为目的。为保证高校后勤管理社会化的有效性,在经费上要实行定额承包,组建自负盈亏、独立核算的经济实体。我国高校传统的后勤管理机构主要是各级行政领导通过行政命令的方式进行管理,组织活动经费从行政事业费中拨付,是一种"供给制"。如今则必须发挥组织机构效能,其原则是实行政企分开。

后勤服务机构可分成两种不同性质的类型:一是后勤行政管理部门。负责高校后勤日常行政工作,制订、执行后勤实施计划,接受上级监督、检查,根据规章制度进行日常管理。二是经营性质的服务型或生产型经济实体。按照所有权、经营权适度分离的原则,这些实体以经营为主,自负盈亏,独立核算,享有独立的法人地位。后勤服务活动的多样化要求组织管理标准化、规范化,制定一系列相应的后勤管理规章制度是后勤改革的要求。

4.其他管理系统

（1）学科建设系统

有的高校重视学科建设工作，成立校院（系）两级工作管理部门，形成专门的学科建设与管理系统。学科建设是一个比较复杂的系统工程，并且是一项长期的工作。人们一般把学科建设作为高校工作的龙头，一流的学科专业水平就有可能培养一流的学科专业人才。科学研究的成果和水平直接反映了学科的水平，科学研究依托学校的三大建设，一是学科专业队伍建设，二是科学研究平台建设，三是管理制度建设。

高校的竞争主要表现在两个方面，一个是人才培养质量的竞争，另一个是学术水平的竞争，而学术水平又直接影响着人才培养的质量。随着对高校学科建设意义的深入了解，人们也逐步认识到学科建设的龙头地位，学科建设系统将越来越重要。

（2）目标管理系统

学校推进内部管理的改革，引进现代企业管理模式，实行目标管理，形成一种新型的管理系统。目标管理打破了常规的高校管理方式，不是靠单一的行政职能部门管理某个方面的工作，而是对院（系）、对学校的工作进行综合管理。

目标管理的核心是确定学校各时期、各年度的工作目标，工作的目标是全方位的，涉及学校工作的方方面面，因此学校必须有一个部门牵头进行统筹协调，由多个部门参与，形成一个协调的、权威的管理系统。

（3）学生管理系统

根据目前我国的国情，学生的管理工作承担着很大的社会责任和家庭责任，因此学生管理系统是学校最复杂的管理系统之一，事务性的管理工作比较繁杂，且关乎学校和社会的稳定。

学生管理系统由学校党政共同负责，齐抓共管。有的学校成立了专门的学生工作部，由一名学校领导直接担任部长，由学校的学生事务管理部门、学校的有关党政职能部门、各院（系）党总支、团支部等组成庞大的学生管理系统。

三、宏观与微观高等教育管理系统的关系

既然高等教育管理是一个系统,高等教育管理系统中的各个子系统是一个有机的整体,那么根据系统的关联性,宏观高等教育管理系统(高等教育行政管理)和微观高等教育管理系统(高校管理)就是相互联系的。它们的关系具体表现在以下两个方面:

(一)宏观和微观的管理实际上是"条"和"块"的管理

我们认为,高等教育行政管理是一种具有专业性的行政管理,存在领导和被领导的关系,有上位管理和下位管理之分。

教育部和各级地方教育行政部门将教育事业有机地分解为若干个工作方面,每一方面都与高校的某一方面有着直接的联系,形成了一条纵向的链条,我们称之为"条"的管理。"条"的管理体系表现为中央、地方、高校三个层次。地方的高等教育管理,相对于中央的高等教育管理又是"块"的管理。高校管理相对于上级管理部门,也是"块"的管理。高校从总体上进行着与培养人才有关的各种活动,而这种"块"的管理中的各种活动(如教学、科研、学生管理、师资队伍建设等)都受上级教育行政部门的领导。从这个意义上说,高校的管理又是一种"条块结合"的管理。这种关系着重表现在高等教育的管理体制,特别是领导体制上。

高等教育领导体制是指高等教育系统中组织机构设置以及权限划分的制度,主要包括政府对高校的领导关系、高校内部的领导关系。一般习惯上把前者称为宏观领导体制,即高等教育领导体制,把后者称为微观领导体制,即高校内部领导体制。

处理好"条块"的关键是明确"条块"各自的功能和职责,各"条块"该做什么,不该做什么,在一个法治社会应该用法律把它明确下来。当然,要理顺这种关系是不容易的,有时候是两难的。

(二)宏观和微观管理体制之间的集权与分权

集权是指决策权高度地集中在最高层领导机关,下级单位只能根据上级的指示和决定办事。分权是指上级的管理体现在法律和制度上,体现在对下级的监督控制方面,上级对下级机构权力范围内的事很少干涉,下级单位在自己管辖的范围内有较大的自主

权。在社会主义市场经济条件下，想要高校拥有更多的办学自主权，就必须加快高等教育管理体制的改革。

高校内部的领导关系包括学校的领导制度、机构设置、管理权限及其相互关系的根本性组织制度。它是学校内部带有整体性、全局性的制度，直接支配着学校的全部管理工作，是高校微观管理能否搞活的关键。

目前，我国高校领导体制主要是党委领导下的校长负责制。在这种体制中，党委是学校的政治核心，校长受政府委托，在党委领导下管理学校，对学校行政工作全面负责。教职工代表大会实施民主监督和民主管理。

如果从技术的角度分析，高等教育管理无论是宏观层次还是微观层次，都存在着计划、组织、领导、控制等技术手段，只是在不同层次上运用的程度和方法不同而已。因此，在技术层面上，宏观高等教育管理和微观高等教育管理也是有机地结合在一起的，高校内部管理的方方面面都与宏观高等教育管理协调一致，与此同时，其自身内部也是具有整体一致性的。需要强调的是，高校管理的有效性在很大程度上取决于高校本身的自主权，即微观高等教育管理与宏观高等教育管理既存在一致性，也存在一定的矛盾，其矛盾的焦点是高校办学自主权的问题。

高等教育管理的分权问题不能简单对待。第一，要明确为什么分权，不是什么权都可以分掉的，在没有搞清楚权力划分原则的情况下，简单地提分权的问题是盲目的。第二，分权不仅仅是简单地下放权力，而要在分权的同时，把上下位各自承担的责任弄清楚。

第三节　高等教育管理系统中的
组织结构

一、组织结构的形式

（一）直线制组织结构

直线制组织结构是一种由上级首长直接对下级下达命令进行管理的组织形式。在这种形式的结构中，高校各个层级的一切指挥和管理职能基本上都由校长自己执行，只有个别的职能人员协助校长工作，不设职能机构。直线制组织结构的优点是形式简单，管理层次少，命令统一，指挥及时，责任与权限分明；缺点是要求领导者通晓学校的一切工作，亲自处理许多业务。这种模式在规模较大的高校难以实现，一般只适用于规模较小的高等教育组织的管理。

（二）职能制组织结构

规模较大的高校管理复杂，各项管理需要有专业的管理知识，校长很难具备各种专门知识和条件，要独立进行全面有效的管理很困难，这就需要在校长之下设立各种职能机构，校长将一定的指挥权委托给这些职能机构。

我国普通高校一般不采用这种形式，某些成人高校由于校长是兼职的，为了减少兼职校长的具体指挥工作，通常采用这种组织结构。

（三）直线-职能制组织结构

这种结构是将组织内各层次的管理机构和人员分为两类：一类是直线指挥机构和指挥人员，他们对下级进行指挥，下达命令，并负有全部责任；另一类是职能机构和职能管理人员，他们是直线指挥机构和指挥人员的参谋机构和助手，只对下级机构和人员的工作提出建议，进行业务指导，没有决策权，也不能对下级机构和人员下达命令、进行指挥。

（四）学院制组织结构

学院制就是在学校之下设立学院，在学院之下再设系，学院在学校内享有较大的自主权。学校的职能部门主要是围绕学校的目标，在校长的指挥下协调对院（系）的管理。这是一种分权的组织结构形式，适用于规模较大的多科性大学或综合性大学。西方大学多采用这种形式，我国也已普遍实行了这种结构的组织形式，也有不少高校正在校-系两级管理组织结构的基础上积极探索建立学院制管理的组织结构。

（五）矩阵组织结构

矩阵组织结构又称规划项目结构，它是同时进行若干项目管理的一种常见的组织结构形式。它适用于若干个同时进行的项目的组织管理，在高校科研项目与对外合作项目的管理中运用得较多。当项目规模较小时，组建一个独立的项目组就会造成浪费；当一个单位同时进行若干个项目时，就难有足够的力量保证为每个项目成立一个项目组。在这两种情况下，就需要采用矩阵组织结构。

二、组织结构的设计

高等教育的组织技术是指高等教育管理者为了实现组织系统目标，而对人员和各种资源进行协调并确定其相互关系，设计组织结构并以此来设置组织机构，适应环境变化，完成组织工作的行为过程中所采用的技术方法。动态的组织过程，就是设计组织结构以及在此基础上设置组织机构的过程，组织技术集中地运用在这个过程之中。高等教育的组织技术对高等教育管理的功能和效益有着重要的影响。组织结构的设计是把组织系统内的人、财、物等各种资源通过一定的联结方式确定其相互关系，并进行合理配置，以实现组织目标的过程。它是组织工作的核心内容。

（一）影响高等教育组织结构设计的因素

1.组织目标

动态的组织是人们有意识的社会实践活动，它有着明确的管理目标。静态的组织是组织活动有效进行的条件，它的结构设计、机构设置及在实践过程中的变革自然应以组织活动的目标为准绳，以保证组织目标的实现为宗旨。

不同的组织目标要求有不同的组织结构设计技术。组织得以存在的重要依据是有一个明确的发展目标，组织中每个部门和人员都必须为达到共同目标而进行活动。要实现共同目标，就要正确处理人、财、物的关系，追求高效率和高效益；要达到共同目标，就要动员各个层次结构上组织机构内的全体成员制定个人目标，并处理好共同目标和个人目标之间的关系。在完成共同目标的前提下，要兼顾个人目标的实现。

2.环境因素

高等教育系统本身以及系统内任何一种组织结构都处于一个不断变化的环境之中，不断与环境进行物质、能量和信息的交换，所以组织内部各部门和人员之间的配合、组织结构也要不断变更，以便与环境保持动态平衡。这里的环境主要包括社会环境和人际环境，其中社会环境又主要包括政治环境、经济环境、科技环境、文化环境等方面。

政治环境由国家的性质、政治体制、法律制度、方针政策、思想道德等因素构成，它会影响高等教育系统中组织结构的设计，所以我国高等教育组织结构不能照搬其他国家的模式。

经济环境由一个国家的经济制度、经济政策、经济发展状况等因素构成，它直接影响高等教育组织结构的设计和实施。

科技环境则由科技体制、科技政策、科技发展水平等因素构成。

文化环境包括民族文化、人们的文化程度等，这些都会对组织结构的设计产生不同程度的影响。

人际环境包括组织成员的个性及成员间的相互关系等方面。在完成规定的管理活动的过程中，成员间的相互信任和支持，以及成员间的相互对立，都会对组织结构的设计产生重要影响。

3.组织中的人

高等教育组织的组成人员具有高智能的特征，这些成员的主观能动性对于管理的效果具有直接的作用。有时，一个好的领导在不同的学校其工作效果是不同的。再有能力的校长，离开了对管理对象的具体分析都有可能在工作中遇到阻力。因此，组织中的人的因素也是我们在设计组织结构时必须考虑的。

（二）高等教育组织结构设计的原则

高等教育组织结构设计的原则主要有分工协作原则、权职相应原则、信息通畅原则、组织运作的有效性原则。

分工协作原则强调整体团队精神，分工是明确各自的工作任务，协作是强调围绕共同的目标必须进行协作。

权职相应原则是要求权职的定位要准确，防止职务权力过大或过小。

信息通畅原则强调的是管理的信息要畅通，否则会贻误最佳时机。信息的混乱或者缺乏真实性会导致管理的失败。

组织运作的有效性原则强调的是组织结构要灵活，运转要灵活且高效。一般认为，高效的组织结构应当具备四个条件：第一，具有可靠而有效的信息输入、输出系统；第二，具有民主的、灵活的、富有创造性的管理系统；第三，具有受到组织成员一致支持的明确的组织目标；第四，具有相互信任、相互支持的成员间的良好关系。

（三）高等教育组织结构设计的技术要求

第一，根据设计的组织结构配置资源。根据预先设置好的人员编制对人员定岗，使其从事与岗位相适应的工作，保证事得其人、人尽其才。对预算经费（预算内、预算外经费）、物资（公用物资和部门用物资）合理分配，做到财尽其利、物尽其用。将时间安排好，使全体成员有秩序、有节奏地进行工作。

第二，在高等教育组织结构设计过程中，对岗位或职务的分析和制定合理的人事制度是十分关键的。岗位或职务分析的目的在于确定该岗位或职务从事者应该具备的基本标准或资格。

对岗位或职务进行分析的方法主要有两种：一是确定该岗位或职务需要任职者具备哪些知识和能力；二是确定该岗位或职务的价值（重要性）。前者可以纳入对任职者（或候选者）的学历、知识结构、能力结构、工作经历、人格特征、心理素质等多方面进行的考察，后者则是从该岗位或职务的各种特征方面来分析任职者应具备哪些条件。对这两方面进行分析的目的在于尽可能使任职者与该岗位或职务吻合，即人尽其才，取得最佳的工作效果。

此外，高等教育组织结构的设计总是在充分分析组织系统内外各种关系和资源后，对组织目标进行有效的分解，合理确定各种资源的相互关系。这本身就是一个"情境性"很强的工作，因此要因时、因地、因条件进行。

三、组织结构的变革

为适应外部环境和内部条件的变化，组织结构始终处于动态平衡的状态。也就是在环境发生变化，提出新的需要时，组织结构应及时变革，以便适应外界环境的变化。

变革组织结构的方法应根据原有组织结构中不合理的程度来选择，一般有以下三种情况：

其一，若一个组织结构毫无效率，则需要做根本性的变革且设计新的组织结构，这被称为"大变动的方法"。

其二，若某一组织结构存在一定的问题需要变动，则可采用短期变动法。

其三，若一个组织结构存在许多问题且过于复杂，变动难以在短期内实现，则应在一个较长的时期内逐渐实现组织结构的变动。

第五章　高等教育管理的创新

第一节　高等教育管理创新的必要性

当今世界，高等教育的发展异常迅猛，高等教育思想、教育体制、教育内容、教育手段等无不发生着深刻而巨大的变化。我国高等教育事业要快速、健康持续发展，永葆生机和活力，关键就在于不断推进高等教育管理创新。管理实践也表明，没有管理的创新，也就没有管理目标的实现。党的二十大报告强调，要统筹职业教育、高等教育、继续教育协同创新。可见，加强高等教育管理的创新和实践探索，是实现我国高等教育振兴的必然要求和现实需要。

一、市场经济的完善要求高等教育管理创新

人们往往把学校管理与一般行政组织和经济组织等同起来，习惯于用行政方式来管理学校事务，形成了以行政约束为主导的管理机制，以至于行政权力过于膨胀，学术权力弱化。随着社会主义市场经济的不断完善，一元的高等教育体制逐渐被打破，教育行政部门开始转变职能，向高等学校下放权力，国家对高等学校的管理由微观管理转向宏观指导，由单纯行政管理转向市场调节和法治管理。高等教育管理要适应社会主义市场经济，就必须创新。

二、知识经济的发展呼唤高等教育管理创新

知识经济的发展取决于高等教育的发展，更赋予了高等教育新的使命。知识经济的发展对传统的高等教育提出了挑战，要求它在转变教育观念及思维方式的基础上，实现体制创新、管理创新、技术创新，在遵循高等教育规律的前提下实现高等教育规律与市场作用的有机结合，并与之同步。同时，与知识经济相适应的高等教育，必须是具有自身内在活力机制的高等教育，必须是多种办学模式并存的高等教育，必须是优化资源配置、走内涵式发展道路的高等教育。因此，高等教育应当根据经济社会发展的内在要求，选择具体的发展战略和具有特色的教育发展模式，并以此作为高等教育管理改革的根本依据。可见，高等教育管理要适应知识经济的发展，创新是其必然的选择。

三、高等教育普及化需要高等教育管理创新

2022 年，我国建成世界最大规模的高等教育体系，高等教育毛入学率达到 59.6%，进入了世界公认的普及化教育阶段。高等教育普及化必须以保证教育质量为前提，人才质量是学校教育价值最终的和具体的体现。影响人才质量最主要、最直接的因素就是学校的教学质量。而规模与质量是高等教育在发展过程中必须面对且必须处理好的问题：没有质量的教育规模再大也毫无意义，而且是巨大浪费；只讲质量不讲规模的教育，效益必然不高，也很难持续发展。因此，随着高等教育从精英化到普及化，高等教育无论是管理思想、管理观念，还是具体的管理体制和管理运行方式，都必须进行调整，甚至要有一个重新定位、重新规划的过程。这就要求高等教育完善管理制度，加强管理创新，在保证质量的前提下，立足于最大限度地满足公众的高等教育需求，以适应高等教育普及化的要求。

四、高等教育国际化要求高等教育管理创新

自从加入 WTO（世界贸易组织）后，我国高等教育就进入了国际化的时代。随着全球化的不断深入，一方面，高等教育服务的国际贸易竞争加剧，是否具有国际竞争力成为衡量一所高等学校教育质量的重要标准；另一方面，高等教育在各个方面面临深层次、多角度的开放，国外发达国家的办学理念、管理思想、充足的办学资金、先进的教学内容和教学方法等将像潮水般地大量涌入，国外高等教育机构也随之向我国提供更多的服务，这对我国高等教育发展来说既是机遇更是挑战。因此，高等教育管理必须加以创新，积极应对高等教育国际化带来的挑战。

五、高等教育法治化要求高等教育管理创新

全面推进依法治校，是保障高等教育优先发展战略地位，实施科教兴国的重要战略举措。随着高校办学自主权的落实和现代大学制度的建立，政府对大学的管理将更宏观，加强政府的宏观调控、强调高校自主办学的关键就是依法治教、依法管理。这些年，我国大力推进依法行政和依法治教，加快政府职能转变，高等教育依法行政和教育法治建设得到了显著加强。尤其是加入 WTO 后，我国高等教育进入整个世界高等教育的大范畴内，由政策性的开放转为制度性的开放，高等教育法治化成为更加迫切的现实需求和选择。随着高等教育的逐步法治化，高等教育管理必须走创新之路。

六、信息技术快速发展要求高等教育管理创新

随着信息技术的快速发展，计算机信息系统不仅作为信息的储存、加工处理与传输工具，而且在建立科学的决策机制、优化资源配置和组织机构、提高人员素质等高等教育管理活动中扮演重要角色。对于高等教育来说，信息技术的快速发展，将使整个教育结构呈现出完全不同的面貌。现代信息技术是加速高等教育发展的"特别快车"，有助于实现教育传播和教育管理手段的革命性跃进，它的广泛应用要求高等教育管理必须不断创新并与之相适应。

七、高等教育的特殊性要求高等教育管理创新

自著名经济学家舒尔茨（Theodore William Schultz）等人创立人力资本理论后，教育资源作为人力资本投资，被列为生产性投资。教育是全局性的、主导性的基础产业的观点已在世界范围内取得共识。高等教育生产的是有巨大外部效应的准公共产品，即它不仅对受教育的学生有效益，而且对国家和全社会都有效益。这一特征使得高等教育又有公益事业的特性，因而不能以营利为目的；但高等教育又为经济建设和社会发展培养高级人才，不可能完全由国家财政包办。基于此，在社会主义市场经济体制下，在一些院校和领域采取某些市场机制和企业经营机制，如重视产、供、销衔接，重视投入产出，讲求效益，在财政和人事制度上运用适当的竞争机制等，对高等学校的发展是十分必要的。

第二节　高等教育管理创新的
重点内容

随着 21 世纪的到来，我国高等教育的改革也正在向更深层次推进，大量的改革和不断出现的新情况、新问题给管理工作提出了诸多挑战，这就需要高等教育管理不断寻求创新。高等教育管理创新从形式上看是多样的，从内容上看同样多姿多彩。而事实上，高等教育管理创新任何一种表现形式和具体内容，绝不是孤立的。高等教育管理的任何创新都基于国家政策的宏观指导、管理者对高等教育发展现状的客观判断以及对未来发展趋势的科学预测。因而，高等教育管理创新是一个开放的体系。管理创新从形式到内容都要在这一体系中通盘考虑，以达到创新的初衷。笔者认为，高等教育管理创新应包括下列内容：

一、创新理念

高等教育事业的改革与发展离不开具有时代精神的教育理念。高等教育事业发展总是离不开理念的创新。高等教育发展战略规划、办学理念等都是理念创新的范畴。只有实现理念创新，才能实现管理创新。我国高等教育要与新形势相适应，就必须解放思想，与时俱进，创新教育理念，尽快确立与 21 世纪我国经济和社会发展需要相适应的教育观。

创新是指改变旧制度、旧事务，对旧的生产关系、上层建筑作出局部或者根本性的调整变动。创新需要清晰的价值和目标，即明确创新理念。创新理念关系到创新的出发点和前进方向。管理者在高等教育管理中应坚持的创新理念包括以下几个方面：

（一）统筹理念

我国高等教育作为公共物品和服务的一部分，其物质载体主要是大学，大学的根本属性是事业单位，这种公益属性不会发生改变，党委领导下的校长负责制是我国大学的领导制度，党委领导作为大学政治权力的集中体现，具有全局性特征，党委在大学内部治理过程中的意见和宏观决策作用不可或缺。

统筹作为一个由数学衍生出的系统科学概念，主要强调的是针对一个事物发展或行为执行过程中涵盖的规划、引导、服务和扶持的完整的过程体系。政府统筹就是站在事物全局的角度统筹思考，洞察事物，谋划工作，整合协调，不能顾此失彼，也不能因小失大，而要兼顾和协调各方面的利益。政府对高等教育的管理可以围绕统筹这一概念展开，包括政府统筹规划、统筹引导、统筹服务和统筹扶持。

1.统筹规划方面

政府应对高等教育发展的速度、规模、质量、结构进行宏观管理，促进形成政事分开、权责明确、统筹协调、规范有序的管理体制；规划好学校布局、学科专业设置、学位授予点；统筹研究生教育、本科教育、高等职业教育和高等继续教育；构建层次分明、类型多样、特色鲜明、充满活力的高等教育体系。

2.统筹引导方面

政府应建立高校学科分类建设体系，实行学术发展分类管理；创新高校人才培养模式，提高高校人才培养质量；加大对高校学术的监督和审查；统筹推进各级各类高等教育协调发展；统筹不同区域的高等教育协调发展；统筹编制符合要求和国情的高等教育办学资质、教师引进、招生质量等多项标准。

3.统筹服务方面

政府应深化高等教育综合创新，推动教育事业科学发展，在关心国家命运、服务国家战略上有所作为，让党和国家满意；在勇担社会责任、满足社会对创新高等教育不断提高的要求上有所进步，让广大人民群众满意；在坚持以人为本，实现好、维护好、发展好学校广大师生员工根本利益上有所建树，让广大师生员工满意。

4.统筹扶持方面

政府应落实扩大高等教育办学自主权，完善我国特色现代大学制度，完善高等教育惩治和预防腐败体系；建立地方政府所属高校的教育职责评价制度；探索建立政府督导高校机构职责运转的机制。

我国明确指出，要建立功能明确、治理完善、运行高效、监督有力的管理体制和运行机制。管理体制和运行机制的重大变革涉及法律制度、组织架构、权责划分、运行规则和利益调整等诸多方面，内涵十分丰富。这都需要政府统筹来部署和实施，还需要政府树立统筹协调政治体制创新和市场经济体制创新的理念，使我国高等教育管理创新与政事分开、管办分离和转变政府职能等其他政治、经济、文化、社会创新密切联系。

（二）参与理念

我国高等教育从新中国成立初期的精英教育走向大众教育，并进入普及化阶段，是我国政治体制创新不断深入的体现，是社会主义市场经济体制深入人心的要求，是社会开放文明的自我需求，是我国文化传承自我提升的动力源泉。

社会参与高等教育管理创新的必要性主要有以下几个方面：

首先，从高校的系统性和开放性来看，高等教育作为一个系统要生存和发展，不可能封闭自我。高等学校需要汲取自身生存发展所需要的物质资源、人力资源和财务资源，无法忽视与社会普遍联系的客观事实。高等学校应立足于扩大高等学校的开放性，融入我国国情的现实社会中，建立社会参与高校管理的机制。

其次，在激烈的市场竞争环境下，对人才的需求和竞争成为市场生存的不二法则。市场竞争主体如企业需要以极大的热情加强与高等学校的合作，参与高等学校教育的具体实践中，寻求满足自身需要的合格人才。

最后,高等学校自主化办学带来的就业压力和经费支出以及后勤社会化等创新也需要得到社会的支持和帮助。总之,高等学校接纳来自社会各方面参与自身管理是必要的且可行的。

社会参与高校管理的内容主要包括以下三个方面:

一是社会参与高等学校决策,高等学校管理创新需要吸纳更多的智慧和力量,确保高等学校的决策方式、机构设置等内部事宜得到民主、科学的监督和反馈。

二是市场权力对高等学校权力的影响使得社会参与高等学校管理具体事务的程度越来越深,高等学校的专业、课程设置不断重视市场需求,高等学校毕业生就业市场要求高等学校教育管理贴近社会现实,高等学校内部事务信息公开,等等。

三是高等学校的社会服务功能使得社会参与到高等学校教学科研等高端领域。高等学校与企业的合作正是社会参与的表现,我国高等教育管理创新是系统工程,能否在市场经济大潮中经受住社会检验是创新成败的关键。我国高等学校要认清现实发展要求,强化社会服务功能,树立社会服务意识,把社会参与作为自身管理创新的重要内容,实现科技成果转化,提高社会知名度和权威性,满足社会需要的创新目标。高等教育的需求多样性、高等教育走向社会中心以及高等教育经费来源的渠道多元化要求社会参与,这不仅是高等教育发展的共同趋势,而且是实现高等教育内部管理善治的重要保证。

(三)公共利益理念

公共利益是指公众的、与公众有关的或被公众需要的、公用的利益,是指国家和社会占绝对地位的集体利益而不是某个狭隘或专门行业的利益。《中华人民共和国教育法》第八条规定"教育活动必须符合国家和社会公共利益"。公共利益产生于人与人之间的社会联系,是公民个人利益最终的价值取向,代表着长远的、共同的、整体的个人利益。高等教育的利益主体可以分为国家利益、团体利益和个人利益。国家利益是指国家从高等教育的发展中获得的人才培养、科技技能输出的利益。团体利益是指高等学校的各种权力主体在博弈过程中获得的利益。个人利益是指参与高等教育过程和活动中的个体获得的参与权、保障权和结果权的利益。这三种利益主体只是基本利益和直接利益,协调利益冲突和分歧、寻求整体利益最大化是公共利益理念的体现。

公共利益正当性的基础是以一定社会群体存在和发展为前提的,公民的受教育权是公民权利的基本权利之一。因此,保障公民的受教育权成为公共利益取向的共性特征。

我国高等教育已经从精英教育转变为普及化教育，受教育群体的数量、受教育群体的文化程度已经具有社会普及性和公民自主性走向，因此高等教育创新的公共利益取向能够满足国家利益和个人利益的诉求。高等教育受教群体的年龄、性别、民族、肤色、国籍、经济状况、家庭出身等因素不会影响到高等教育知识的获取和传播，享受机会均等无差异。

高等教育管理创新涉及社会公共资源和经费的使用和调配，影响到社会成员的共同利益，创新的成果需要全社会共享。高等教育管理创新的公益性具有公共性、社会性和整体性，包含国家层面的经济利益、政治利益、文化利益、文明利益，也包括社会层面的经济利益、文化利益、政治利益，还包括个人层面的物质利益和精神利益。追求公共利益是高等教育管理创新的核心价值理念，是中国特色社会主义高校创新的前提和出发点，是权力主体追求共同目标的指导原则。

二、进行科学的管理

高等教育传统的管理手段与方法已经无法满足当前经济时代的要求，高等教育领域出现的诸多新生事物从客观上要求对高等教育管理手段及方法进行创新，这就要求必须对高等教育进行科学的管理。

对高等教育进行科学的管理是指高等教育的各项管理工作都要符合管理科学和教育科学的特点和规律，使管理工作法治化、秩序化、民主化和效益化。在高等教育的管理过程中，要全面推进依法治校的战略对策，建立科学合理的教育法规体系，不断加大高等教育立法的工作力度，深入开展高等教育普法工作，切实加强高等教育行政执法与监督；要实现高等教育民主化管理，完善教职工代表大会制度和政务公开制度，加强学生自我管理，加快高等教育管理民主化建设进程，保证高校的师生员工参与学校管理，尤其是参与各项重大问题的决策，真正实现高等教育决策的民主化和科学化，实现民主管理的制度化、全面化和经常化；要创新管理手段及方法，重视各种预测方法、风险决策方法、数学模型以及计算机网络的开发利用，建设高等教育管理的新平台，促进高等教育管理手段的现代化、科学化。

三、把握职能定位

高等学校是实施高等教育的社会组织，主要功能是做学问、传授知识和服务社会。高等学校内部学科和学术活动具有的相对独立、相对自由和松散的本质特点，决定了高等学校在本质上是一个相对独立、松散的联合体。高等学校把握好自身的职能定位，是我国高等教育管理创新的基础条件之一。高等学校应做到以下几点，以实现对职能定位的准确把握。

（一）突出育人

高等教育承担着人才培养、科学研究、社会服务、文化传承创新和国际交流合作的重要职能。要推动高等教育管理创新，高等学校首先需要处理好人才培养与科学研究的关系。人才培养是高等教育的根本使命，在职能中居于核心地位，包括科学研究在内的高校一切工作都要服从和服务于学生的成长成才。大学的核心功能是培养全面而自由发展的人才，塑造符合我国发展的合格的社会主义建设人才，这是我国高等学校现代化建设的社会使命和至上原则。培养专门人才是高等教育的本质特征，高等学校应突出创新能力培养，进行科学素养和人文素养的融合，造就全面发展的人才。

首先，高等学校应建立以学生为服务之本的高等教育质量评价体系，把高等教育的传授重心放在学生身上，从关注学生成长和体验出发，确定高等教育教学评估考核的重要内容。

其次，高等学校教师有必要参与社会实践，增加自身与社会需要的亲身体验经历，打破高等教育内部自我封闭的认识局限。高等学校教师的社会需求体验和实践一方面可以提高教师解决实际问题的能力，丰富教学素材，促使教师将社会急需技能传授给学生；另一方面可以使教师和学生对社会需求的认知更切合实际，使教师注重培养学生的创新能力和基本学习能力，引导学生树立终身学习观念。

最后，高等学校必须研究社会需要的各级各类人才的素质结构和能力需要，为社会的人才输出提供品德培养、技能服务、智力保障，以实现知识价值的社会转化效能，实现科技是第一生产力的理论与实践的无缝对接。

（二）注重科研

高等教育的职能是在社会发展需要的基础上形成的，是社会赋予高等教育的任务和职责，是高等教育与社会之间关系的集中体现。高等学校作为我国科研创新的生力军，是科研竞争的前沿阵地，高等学校科研输出是高校人才培养、社会服务和文化传承创新职能的重要保证。

高等学校科研输出的最大化取决于高等学校科研管理人员的自身素质建设，涵盖知识素质、管理素质、伦理素质和服务素质等，这需要高等学校完善的科研培训机制作为保障。科研管理职能在通过社会输出实现科技转化的过程中需要努力实现四个"能动"，即能动策划、能动组织、能动跟踪和能动管理。高等学校应强化科研课题设计和项目申报策划，强化科技成果转化的策划意识，强化科研部门跨学科的创新团队组建，强化社会合作企业的技术成果转化平台推广，强化科技推广的跟踪机制，强化基础研究与应用研究的有效融合。高等学校需要牢固树立以高水平科学研究为支撑的观念，鼓励教师重点开展有利于提高教学质量、推动理论创新、服务经济社会发展的科学研究，并将研究成果及时转化为教学内容。教师还要正确处理科研与教学的关系，树立科研为教学服务、科研和教学为社会服务的意识，提高高等学校的科研实力，提升学校的知名度。

（三）着眼服务型行政

"服务行政"一词最早由德国行政法学家厄斯特•福斯多夫（Ernst Forsthoff）提出。服务行政是由原来的计划经济向社会主义市场经济转变过程中关于行政法的定位和作用的指导理念。学者张成福认为我国行政现代化的目标取向在于建立市场的或亲近市场的政府行政，使公共行政国家权力的载体过渡为公众提供服务的实体。高等学校服务型行政是指高等学校行政权力以高校全体师生员工等高校利益相关者的真实需求为服务风向标，为其提供创新满意服务为首要职能，不断完善服务保障制度和服务体系的管理模式。

高等学校服务型行政必须从"以权力和政治为中心"转变为"以大学章程为中心"，从"管制行政"转变为"服务行政"。高等学校必须遵循有限性、法治性、民主性和有效性原则，树立以人为本的理念，重视学术权力的诉求，增强服务意识；通过沟通与协调的民主平等对话机制，致力于教育质量发展，推动学生的全面发展，增进与其他社会组织的交流与合作；设计符合现实需要的行政服务管理制度，将自由发展权力归还于高等学校权力各主体，最终实现行政权力与学术权力关系的有效融合、行政权力与学术权力的相互信任、行政权力与市场权力的良性互动。

　　高等学校服务型行政必须协调学术权力与行政权力的相互关系。首先，二者的合理性需要兼顾。学术权力的独立行使是高等学校学术自由、民主管理、公平公正的根基；行政权力的履行是高等学校管理效率和运行秩序的基本保障。二者只有实现动态平衡和互助共享才能实现我国高等学校自主发展的目的。其次，二者权力边界需要明确。高等学校应根据学校章程，建立分工合作、相互制约的关系。再次，二者是高等学校权力系统的内部构成要件，学术权力是高校权力的基础，行政权力必须为学术权力服务。最后，高等学校的政治权力创造组织体制保障和构架，行政权力是"制度性权力"，学术权力是"权威性权力"，行政权力需要通过制度设计来确保学术权力应有的地位和权威，实现政治权力的问责协调定位，发挥高等教育内部权力运转的畅通与高效。

（四）注重文化建设

　　从本质上讲，高等学校管理是知识和科技的创造性组织，尤其是在我国高等教育管理创新的社会环境形势下，高等学校管理需要开拓进取的创新精神。只有创新精神才能塑造和铸就具有内涵式发展的高校，从而培育出具有个性的个体和团体。

　　高等学校需要打造自身的教育特色和人文底蕴，注重文化建设。一是高等学校要传承并弘扬历史精神。高等学校要挖掘自己的历史文化传统，吸收现代大学的办学理念和思想精华，传承高校精神，明晰高校使命。二是高等学校要树立高校独特观念。高等学校要秉承高校校训，加强每届师生的校史教育，传承高校先辈的学术追求，强化本校的责任感、荣誉感。三是高等学校要健全文化制度。高等学校要完善大学章程，推行制度创新，将精神和行为文化融入制度设计中，用制度督导文化的自我渗透。四是高等学校要完善标识建设。高等学校要充分利用校旗、校歌、校徽等文化符号的视觉效果，制定标识使用规范，开发设计独特的文化产品，如高等学校信笺、邮票、台历、纪念册、公文样本模板、校务公示样板、录取通知书、成绩单和奖励证书等。五是高等学校要创新文化载体。高等学校要运用校内事务如校庆、运动会、毕业典礼、新生入学等仪式，弘扬和传播独特文化内容；创建自身品牌的学术讲座和名家论坛，丰富文化内涵建设，通过文化载体如图书馆、教学楼、校舍、校内微信、学生社团等营造全面丰富而又个性鲜明的文化氛围。

四、构建权力结构

我国高等学校拥有的主要权力可以归纳为以党委书记为首的校政党组织掌握的政治权力、以校长为首的行政组织掌握的行政权力、以高等学校学术委员会为代表的学术权力、以社会需求为代表的市场权力。高等教育管理创新作为一个系统工程,相互制衡的权力结构是该工程不可或缺的一个子系统。

(一)政治权力

高等教育所倡导的机会公平和社会公正既符合当代社会的发展趋势,也体现了高等学校所具有的政治性特点。我国高等学校构建合理制衡的权力结构,不是简单地剔除国家和政府对高等学校的控制权,而是为了以党委为主体的政治权力能够找寻适合自身的权力领地,正确发挥高等学校"举办者"作用。政治权力可通过以下三种途径得以实现:

首先,政治权力要求明确党对高等学校的领导地位。高等学校的政治权力是国家权力在高等学校中的具体展示,决定着高等学校发展的基本性质,决定着高等学校人才的培养目标以及高等学校人才培养标准等重大课题。《高等教育法》第三十九条明确规定:"国家举办的高等学校实行中国共产党高等学校基层委员会领导下的校长负责制。"党委领导下的校长负责制是我国高等学校的管理特色,能够确保培养合格的社会主义事业人才,更好地贯彻党的教育方针。这也是明确规定的高等学校内部管理体制。

其次,政治权力要求确保高等学校相对独立的办学自主权。高等学校政治权力实际是政府权力在高等学校的延伸和扩展,改变了全能政府的管理理念和态势,赋予了高等学校办学自主权。

最后,政治权力要求创新权力观念。在公共管理理念盛行的当下,我国高等学校的政治权力主体校党委也应顺应时代要求,树立宏观调控理念。校党委应不再以统治者的身份来治理高等学校,而应是合作者的身份,应关注所有权力和权力主体的利益,鼓励教师、管理者、学生、学生家长、社会用人单位、校友等人士积极参与高等学校治理,建立广泛吸纳各方利益的代表参与治理的机构,使这些利益相关者平等参与高等学校治理。

（二）行政权力

行政权力是确保高等学校运行效率和运行秩序的必要机制。高等学校行政权力管理权划定是指为行政权力在高等学校运行过程中设置合理的权力边界，通过以校长为首的行政管理人员的管理工作，提高学校履行职责的效率。高等学校的行政权力以校长为代表，主要体现在行政组织协调工作上。高等教育管理目的、管理运行方式及管理结果反馈都要求以校长为主体的行政组织具有高等学校大局观，保证整个高等学校的有序运行，正确发挥高等学校"办学者"作用。高等学校行政权力具有一元性特征，即一所大学只能有一个行政权力系统，权力的运行是自上而下逐级实施的。高等学校办学规模的不断扩大和内部管理的日益复杂都对行政权力的发挥带来了挑战。

高等学校的行政权力承担着人才培养、科学研究、社会服务、文化传承创新和国际交流合作的重要职能，这些职能可以通过两种途径来实现：一是以校长为首的行政组织代表国家和政府管理学校，发挥管理者职能，主要使高等学校通过科研、教学来实现合格人才培育、人才智力发挥、研究型与实践型科技成果孵化等社会价值；二是以校长为首的行政组织扮演高校内部自我管理的掌控者角色，主要通过协调组织机构运行、完善自我管理模式、提高校内部资源配置、打造特色文化底蕴等自我价值实现过程流转。以校长为首的行政组织履行高等学校行政权力时，要摈除高等学校行政化中的不利因素，坚守高等学校管理章程所限定的管理权限，强化高等学校行政权力的服务意识，营造高等学校学术权力充分发挥的制度环境和人文环境，实现高等学校与政府、社会、市场的和谐共处。

（三）学术权力

学术权力是大学精神的体现，是大学内在逻辑的客观要求，是大学本质特征的外化，也是建立现代大学制度的核心。学术权力以高等学校学术委员会为代表，参与主体是高校教师，学者自身的权威、自上而下的运行方式是高校权力的基础。具体来说，学术权力就是指让最有资格学习的人进入高等学校，并了解他们是否掌握了知识，是否应该获得学位，是否有资格服务社会。学术权力至少包括高等学校的课程设置权、教学自主权、教育评价权和文凭认定权。

学术权力肩负高等学校生态系统中的特定组织使命，力求实现教学自由、学习自由、研究自由，与行政权力一并主导高等学校内部事务的决策。尤其对于行政权力干扰学术自由权的行为,高等学校学术委员会必须坚守持之以恒的学术理性和自由平等的学术资格,重视学术权力的基础建设和学术人才的自我权益保护。

(四)市场权力

对于整个高等教育管理的大系统来讲,内部与外部两个环境相互作用。外部环境包含诸多因素,如国家和政府的调控、人民和社会的需求等,但在这诸多因素之中,市场是核心和关键。经济体制创新是全面深化创新的重点,核心问题是处理好政府和市场的关系,使市场在资源配置中起决定性作用和更好地发挥政府作用。

从历史发展过程来看,市场权力在我国高等学校发展过程中处于遮蔽状态,它主要通过学生报考志愿、大学生就业等途径展示对高等学校发展的影响力。从历史发展趋势来看,市场在我国高等学校管理创新过程中发挥着越来越大的作用。改革开放以后,市场就开始逐步渗透到我国高等学校发展中,经过 40 多年的发展壮大,市场力量越来越强。例如:我国逐渐形成了以公办高等学校为主、社会各界广泛参与、公办学校和民办学校共同发展的高等学校办学体制,实行市场机制的就业环境和人才竞争;我国高等学校的专业、课程设置不断重视市场需求,公办高等学校与民办高等学校的竞争也日益激烈。市场权力的行使是抓住外部环境中市场的关键,是发挥市场在高等教育资源配置中起决定性作用的重要举措。市场主要通过以下三种途径来行使其权力:

首先,市场权力要求高等学校教育服务质量贴近现实需求。我国高等学校毕业生数量在不断增加,总量屡创历年新高,毕业生就业压力大已成为不争的事实。学生就业情况严峻,高等学校的教育质量需要更加适应市场的需求和变化,高等学校要重视学生参与市场经济活动的能力和条件,摒弃盲目以自我为主的办学理念和不思进取的教育观念,需要发挥政治权力在我国高等学校发展中的调控权。

其次,市场权力要求打破高等教育资源创新服务垄断。随着我国经济的不断发展和我国居民家庭支付能力的不断提高,高等教育资源作为最有潜力和最有回报的市场,对外交流的范围正在不断扩大。教育部发布的数据显示,我国高等教育的人才流失情况正在不断加剧,而我国高等教育创新服务主要还是被一些高校所垄断。如何打破高等教育创新服务的垄断,实现全社会高等教育资源的共享,提高我国高等教育的世界影响力显得非常重要,这就需要发挥学术权力在我国高等学校发展中的作用。

最后,市场权力要求大学信息透明公开。伴随着我国政治体制创新的步伐,更充分的信息不仅服务于保护消费者的目的,而且可以提高生产者的效益。我国近年来陆续有单位或团体发布我国大学排行榜,而这需要我国高等学校的学校声誉、学生保持率、学术研究成果、专业排名等多维度和多指标的权重展示,这些事关高等学校教育质量信息的大量公开需要我国高等学校行政权力发挥管理作用和政治权力发挥调控作用。

五、健全机构设置

高等学校作为一个组织,其组织架构和制度安排必不可少。我国高等学校创新基于创新理念、职能定位以及对权力结构制衡的思考等,需要建立合理的机构以满足创新的需要。正确的创新理念要求机构设置多元化和民主化;精准的职能定位要求机构设置简约化和扁平化,要求建立科学合理的横向组织机构;制衡的权力结构要求机构设置制度化、规范化和程序化。我国高等学校的机构设置主要包括行政执行机构、学术自治机构和监督反馈机构三大类,它们分别是高校行政权力、学术权力和市场权力职能行使的载体,是权力有效运行的制度安排,是高等学校创新理念的现实选择和职能定位的理性判断。

(一)行政执行机构

高校的行政执行发起人是校长。校长办公会成员包括校长、各行政处处长,该会议主要针对高校内部事务进行行政执行,召开的频率高,参与执行的人数多,执行的效率高,关注的对象多,其主旨是服务高等学校、服务师生、提供保障。校长办公会的常设机构是校长办公室,校长办公室主要组织、安排和协调校长办公会的召开、高等学校事宜以及对外事项发布。校长办公室下设人事处、财务处、医务处、总务处、就业处、保卫处、外联处等校级层面的行政服务保障机构和各学院里设置的院级层面的行政服务机构,学院办公室由辅导员、学院行政主任等行政人员构成。

(二)学术自治机构

高等学校在大学章程的制度设计和保障下,成立了学术委员会、学位委员会和教学委员会三大学术自治机构,常设的机构分别为学术工作部、学生工作部和教学工作部,管理高校的图书馆、电教中心、实验室和出版社,其工作内容涵盖高等学校学生的招生、录取、选课、学术活动、学生活动、学习安排等。

1.学术委员会

由科技处和研究生部负责人以及各学院和重点实验室中具有正高级专业技术职称的代表组成，承担学术决策职责，包括学术水平评价、科研项目申报、科研项目评审、学术道德评审、学术规范教育、学术诚信教育、学术不端行为审查等。

2.学位委员会

由科技处和研究生部负责人、分委会主席及具有正高级专业技术职务的代表组成，承担学科学位评定职责，包括审议学位点申报、学位授予、学位撤销、指导教师审查等。

3.教学委员会

教学委员会的主要职责包括：审议学校教学工作规划和重大教学创新方案，指导全校教学工作；审议学校专业建设、课程规划、教材编订、实验室及实践教学基地建设；审议教学奖项评审，推荐各类奖学金；审议学校教学管理规章制度；审议学校教育教学研究及项目课题申报；开展教学调研；等等。

高等学校各学院也分别成立以上学术工作部、学生工作部和教学工作部的下属机构，自主管理高校师生的学习、活动、学术、科研和对外交流。高等学校各学院院长是学术权力的代表，不依附于行政权力而自主实施管理，按照以上三个委员会的内部宽松的学术氛围和松散的组织形式来满足本院学生的德智体美劳等各种技能的需求。

（三）监督反馈机构

高等学校在大学章程的制度设计和权力制衡下，成立校友会、校企联合会、工会、纪律检查委员会和审计监察处等监督反馈机构。监督反馈不受行政权力和学术权力的影响，具有高等学校政治权力。监督反馈机构既要监督反馈行政执行机构的设置和职责行使，又要监督反馈学术自治机构的设置和职责行使，具有配合高等学校相关机构做好高等学校自主发展工作的协同作用。

六、保障运行机制

运行机制会严重影响高等教育管理创新，高效的运行机制是高等教育管理创新的必备条件。具体来讲，运行机制的高效有赖于科学的决策体制、和谐的外部环境和有序的内部关系。

（一）建立科学的决策体制

决策体制是决定运行机制是否高效的前提和基础，建立科学的决策体制，就是要探索大学决策体制的范围、决策内容以及决策实施等活动。决策体制要服务于高等学校办学定位和大学精神，决策内容要针对高等学校办学自主权和办学风格等宏观层面，决策实施要配合管理制度和大学章程的具体规定。此外，决策机制还要结合高等学校内部权力运行机制进行布置安排。其中，学校办学模式和办学水平的确立是决策的核心与前提。

在行政化高等学校管理模式下，决策体制是高等学校政治权力与行政权力统一成高等学校党委领导下的校长负责制，遵从于所属政府机构。同时，高等学校内部决策系统主导高等学校发展，也是基于科层制的管理模式的，部门负责人实施行政长官负责制，隶属关系明显。在政府主导的高等学校决策体制中，高等学校内部评价标准和依据是政治权力价值标准和权力价值依据的再现。为了解决党委领导下的校长负责制决策体制带来的政治权力和行政权力泛化，规范权力运行，推行专家治学，鼓励决策参与，需要重构高等学校内部决策体制。

首先，高等学校应完善党委领导下的校长负责制，深化高等学校决策联席委员会。高等学校党委和校长的民主集中制决策体制可以避免政治权力和行政权力的混淆。高等学校党委作为学校政治权力的核心，其权力来源于国家，在高等学校中处于统治地位。我国高等学校党委肩负重任，主要工作是把握正确的高等学校办学思路，确定高等学校办学目标，明确高等学校办学任务，实现高等学校的内涵式发展。高等学校决策联席委员会以高等学校党委为主导，职责很清晰。高等学校决策联席委员会的主要职责是遵守大学章程，把握高等学校发展方向，抓好大事，做好协调沟通。我国高等学校校长作为高等学校的法定代表人，在高等学校章程的明确界定下，应积极行使行政职权，全面负责高等学校的内部管理和组织建设。

其次，高等学校应提升学术权力的地位，体现大学精神。构建我国高等学校决策体制的一个重要课题是提升学术权力地位，使之成为行政权力的平等制衡权力。学术权力的主体是学者，高等学校应按照章程，保护学者个体的学术权力，使学者成为自身学术工作的主导者和发起者，不依赖于行政指导，靠市场权力奠定自身学术权威。高等学校应根据章程，建立自我评价和选拔机制，实施扁平化、非集权、松散的自主管理模式，通过学术机构即学术委员会、学位委员会和教学委员会来主导和行使高等学校学术权力，实现学术自由。

再次，高等学校应推动制度创新，树立大学章程崇高地位。民主和法治是时代进步的标志，更是大学发展的基础，建立现代大学制度就是要保证大学的学术自由，营造兼容并蓄、和而不同的学术环境。大学章程是高等学校的最高法则标准和权力界定规范，是现代大学制度的最重要载体，也是联结高等学校政治权力、行政权力和学术权力的纽带，涵盖信息公开制度、质询制度、人事罢免制度、问责制度、激励制度。

最后，高等学校校长负责制下的决策体制，需要遵守依法治校、民主管理的原则，这是社会主义政治文明在大学的集中体现。这就要求高等学校在创新决策体制上做到以下三点：第一，高等学校应使行政决策主体多元化。高等学校应广泛鼓励高等学校师生参与学校的发展和建设，使决策科学化、规范化和专业化；增加高等学校教师的权利，使教师拥有自主治学权和参与决策权等相关权利；提升学生在高等学校内部管理中的地位，学生是大学决策的相关利益者，应该而且有能力参与决策；适当削弱行政人员的权力；充分吸收校外各界人士参与高等学校决策，实现大学管理民主化和治理多元化。第二，高等学校应使决策过程参与民主化。高等学校应推行校务公开，既要公开决策过程，又要公开决策结果。高等学校应根据大学章程管理办法对凡涉及师生员工切身利益、需要师生知晓以及高等学校管理规章制度等事项，均通过高等学校的网页、校报、公示栏、微信公众号等媒体及时准确公开。第三，高等学校应沟通协调决策反馈。高等学校应建立决策事前意见征集、决策流程沟通、决策意见诉求归集、决策结果反馈改进等机制；保持信息沟通顺畅和回应解答及时。

（二）营造和谐的外部环境

保障机制高效运行的和谐外部环境的营造主要着眼于两个关系的处理，一是高等学校与政府的关系，二是高等学校与社会的关系。

1.和谐外部环境的营造需要弱化政府与高等学校的关系

一方面，从高等学校的本质属性来看，政府与高等学校的监管与被监管的角色定位需要被重新审视。高等学校是国家教育发展的重要组织，基于高等教育事业的公益属性，政府作为国家的管理机构必须对高等学校进行监管。政府监管权与高等学校自主权是我国高等教育管理中的一对矛盾体，过多监管势必扼杀高等学校自主权，过分放权又难以保证高等学校发展的正确走向。为了实现政府监管权与高等学校自主权之间的适度平衡和职责定位，就需要弱化政府在高校发展过程中的直接监管权力，将政府监管转换成契约形式的制衡监管较为合理。为了保证高等学校发展不脱离社会主义的方针政策，最终实现国家人才培养计划的国家利益，政府对高等学校的监管是必要监管。必要监管即由政府直接管理转为间接管理，由微观管理转为宏观调控管理，由严格从属地位管理转为平等契约制衡管理。政府应通过明确的权利义务内容来监督和约束高等学校，这有助于达到政府与高等学校的适度平衡。

另一方面，从高等学校的发展历程来看，政府与高等学校的教育行政管理模式需要变革。我国高等教育自新中国成立以来就多年沿袭苏联高度集权的管理模式，同时政府作为高等学校的出资者和举办者，政府管控又多年沿用计划经济体制传统，加之我国数千年的官本位思想的传承，我国高等学校行政化是一个不争的事实。我国部分高等学校在整个构成和运行方面与行政机关在体制构成和运行模式上有着基本相同的属性，接受政府行政管理的统一模式、统一标准和统一步调自上而下进行建设和发展，这影响了高等学校办学自主权的行使。在部分高等学校中，内部行政人员成为学校运行的核心，教学科研人员丧失了对学校的支配权，导致高等学校主体出现混乱的情况。

为了实现高等学校行政权力、学术权力和民主管理权力相互制衡和监督，需要转变教育行政管理职能。政府不能使其行政权力触及高等学校的内部管理事务，需要充分尊重高等学校的独立主体地位。政府只需要在高等学校的教育目标、教育质量、人才培养、教育经费等方面进行详细规定。政府应允许高等学校自主制订教育计划、自主开展科学研究、自主确定内部机构设置和人员、自主管理和使用财产。政府对高等学校的主要管理职能是制定高校教育发展规划、进行宏观调控、提出指导建议等，不干涉高校内部事务，从而与高等学校形成合作关系。

2.营造和谐的外部环境需要强化高等学校与社会的关系

高等学校属于知识组织，其职能在于通过教学传承知识，通过科研创新知识，通过社会服务应用知识。传承知识、创新知识、应用知识都是服务于学生和社会的。塑造学生人性、完善学生人格、培养学生技能从而为社会发展提供智力支持保障是高等学校的崇高使命。在弱化政府与高等学校关系的前提下，通过何种方式和方法加强其他社会资源的获得和输出成为高等学校发展的集中指向。

高等教育不断适应社会发展的要求是二者互动的动力基础，合作共建联合机构是二者互动的运行保证。高等学校与社会的良性互动关系可以概括为"若即若离"，具体可以表述为："若离"是指思想、理智活动的独立，以及与高等学校外部运行机制保持相对独立；"若即"是指高等学校与社会密切联系，互融互洽。高等学校与社会的良性互动主要表现在两个方面：一方面，社会是高等学校的外部环境和基础，高等学校以社会为存在前提，汲取社会文化和社会资源完善自身；高等学校的人才培养和科技输出对象是社会，高等学校以满足社会需要和人类发展为社会价值追求。另一方面，高等学校作为社会的中心力量，指导社会体系的健全和完善，秉持开放自由民主的精神充当着社会前进的精神导师，同时接受社会体系的适度介入和环境影响。

但是高等学校与社会的密切联系是建立在高等学校独立自主办学的前提下的，即高等学校是为社会服务的教学科研中心，而不是社会中企业的一分子，高等学校办学自主权、财政自主权是基于政府投入和问责调控的，市场规律不会主导高等学校发展。高等学校对国家和社会的文化和精神等无形资产以及基础知识研发和社会公共利益至上的教学理念是高等学校所必须坚守的阵地。与此同时，社会对高等学校的认同和资源投入是有条件的，要求高等学校进行更多的社会参与和决策反馈。

（三）理顺内部关系

高等学校内部关系是高等教育管理创新成功的重要保证。高等教育管理是以学术为中心的管理，其目的是促进学术的发展。学术管理的基础是学术思想的自由和探索的自由，所以高等学校管理者应发挥学术权力的主导作用，遵循学术自由、民主管理的原则，在学校内部营造民主、宽松的学术氛围，为科学创造提供良好的学术环境。理顺高等学校内部关系主要是指协调行政权力和学术权力的关系，落实高等学校办学自主权，遵照大学章程，依赖高等学校内部合理的机构设置，实现高等学校善治。从本质上来讲，理顺高等学校内部关系是多中心化治理过程。高等学校可以通过以下几种途径来理顺内部关系：

第一，高等学校应健全和完善大学章程。高等学校章程是高等学校内部权力运行的法制基础，是高等学校内部权益相关者的制度化规范文件，是高等学校管理运行的纲领性指导。高等学校章程必须明确高等学校内部政治权力中问责权的行使、行政权力中管理权的界定、学术权力中专业权的行使、市场权力中参与权的行使等相关制度性规定，为高校管理创新提供法律依据。

第二，高等学校应优化高等学校内部决策权力结构，确保学术权力在学术管理中的主导作用。高等学校应明确"三会"（学术委员会、学位委员会和教学委员会）的具体职责，行使学术范围内的决策、管理、监督、实施和咨询职能，加强"三会"组织建设、人才建设、制度设计，依据高等学校章程坚守学术道义、大学精神以及校训；建立质量为上的学术评价制度，建立公开、透明、公正、严格的聘任、晋升、科研激励制度，让学术管理回归学术本位；凸显严谨求实的学术态度和风气，确保学术评价活动的独立自主评议。

第三，高等学校应完善大学校长负责制，提高行政管理水平。高等学校应依据高等学校章程，完善规范高等学校校长行政权力的行使范围和权限，使其专注于服务学术、服务学生和服务学校的目的。大学校长应具有教育管理能力和现代管理能力，对大学行政事务全权处理，接纳吸收市场权力的决策参与咨询、意见反馈，公平处理校务与学术的从属与主体定位纠纷，尊重学术，尊重教授，重视人文建设；促进高等学校内部组织机构设置扁平化，提升行政管理人员的服务意识和业务技能水平；完善高等学校人事制度、后勤管理制度、财务管理制度、信息管理制度等行政管理具体制度。

第六章　高等教育管理的实践探索

第一节　高等教育管理的文化转向

随着社会的不断发展转型，高等教育的地位越来越重要。改革开放以来，党和政府不仅在政策和法律上加强了高等教育管理的规范化，还在经济上逐步加大了对高等教育事业的投入。经过几十年的努力，我国的高等教育取得了巨大成就。然而，不可忽视的是，我国的高等教育相比发达国家还存在一定的差距，这不仅表现在学科设置、师资建设等外在方面，更重要的是还表现在管理理念方面。因此，如何尽快赶上世界先进水平，转变观念，促进我国高等教育管理再上新的台阶，就成为当下教育界和管理学界研究的重要课题。

一、高等教育管理的代际转换：从经验、科学到文化

回溯世界高等教育管理的发展史，我们可以发现其呈现了清晰的发展脉络：在经历了经验管理和科学管理之后，正在逐步转向文化管理。

（一）经验管理转向科学管理

西方早期的大学基本都是私营性质的，因为历史文化和经济发展的原因，长期处于社会的边缘。这些学校办学规模不大，管理模式单一，基本上是借鉴经济社会管理的经验，缺乏对于高等教育内在逻辑和发展规律的研究；学校管理满足于对"物"的管理，管理方式不规范，管理模式不系统，还没有上升到理论的高度。这属于高等教育管理的初始阶段。

现代大学的出现使高等教育管理开始摆脱经验模式，管理的科学化逐步成为高等教

育管理的亮丽风景，高等教育不再像过去那样只是借用经济社会管理的经验，而是注重研究高等教育的自身特点和发展规律，从而成了管理创新的"试验区"。19 世纪初，作为世界上第一所真正意义上的现代大学——德国柏林洪堡大学推行了教育改革，制定了课程体系，确定了师资标准和课程标准等，这意味着科学管理初具雏形。19 世纪中后期，美国的高等学校在本土化行动中以实用主义为导向推行专业化教育，这标志着科学化在高等教育管理中心地位的确立。

高等教育管理从经验管理阶段发展到科学管理阶段，应该说是符合社会化大生产的时代要求的，因为实行科学管理，就能够高效整合高等学校中的各种资源，提高学校的运行效率和办学效益。尽管科学管理有助于保持秩序、保障效率，在"科学"的背后却隐藏着一个充满争议的逻辑起点：它把人看作经济的动物，认为人是"经济人"，人的目的就是获取经济效益。基于这样的假定，科学管理便把人置于严格的控制之下，一切都以提高效率为目的，其他方面皆可以忽略。

可是，科学管理的人性假定是有问题的，这一假定带来的弊端也是显而易见的。我们知道，人除了有经济上的追求，还有精神上的需要，有很强的社会性。因此，过度强调人的经济性方面，并为提高效率而将人置于技术管理手段的控制之中，过分强调人的工具性而忽视人的文化的价值性，是一种"见物不见人"的管理倾向，这种管理倾向必然会造成管理制度的僵化、管理手段的简单化。这样的管理方式与人性的丰富性是相冲突的，会引起员工的抵制，因而提高效率的愿望往往也会落空。

尽管人们注意到了高等教育管理的科学化存在弊病，并试图克服，但在较长时期里这种管理模式却是难以突破的。作为社会系统的一个领域，高等教育管理不能不受经济等"强势"领域管理理念的影响。在科学管理风靡一段时间后，这些领域对人性假定作了进一步思考，依次提出了"社会人"和"复杂人"等概念。在"社会人"的假定下，管理理论走过了短暂的"行为科学"阶段；受"复杂人"假定的支配以及科学方法论的影响，管理理论步入"理论丛林"阶段，在几十年间，各种理论如雨后春笋般，纷纷破土而出。在这个过程中，虽说对人性有了更充分的认识，管理理论也取得了一些进展，但是由于人们囿于固有的观念，"理论丛林"时期各种管理理论仍受困于"科学化"思维，管理活动也就无法从根本上走出困境。对理性的盲目崇拜、对物质的过分迷恋、对定量化和技术手段的完全依赖，造成了对管理的"灵魂"——文化价值观的忽视，特别是忽视了人的精神和社会文化因素的巨大能动作用。在经济等领域的管理理念的影响下，高等教育管理的科学化思维根深蒂固。

（二）科学管理转向文化管理

高等教育管理的破困之机出现在 20 世纪 80 年代。这时，文化的概念进入人们的视野，文化的价值被充分发掘，这使得管理学界看到了走出"理论丛林"、走出偏执科学思维困境的希望，一种新的管理理念和管理范式——文化管理应运而生。文化管理理念依然首先在经济领域中受到重视，再渗透到其他领域，也被高等教育管理界积极利用，文化管理因此成为高等教育管理的一种新趋势。

所谓文化管理，是以价值观为核心的组织文化管理思潮、管理方式。文化管理理念强调管理活动不能像科学管理那样"见物不见人"，而应当以构建一种人格化的组织为目标，关注管理对象的心理和情感方面，通过打造符合组织特点的文化，形成组织独特的核心价值观，从而对组织成员进行熏陶和塑造。

作为一种新的管理理念，文化管理遵循的是"情感逻辑"，而不是科学管理的那种"效率逻辑"，但又没有抛弃效率。文化管理没有把科学管理的那种刻板而严格的标准和规章置于管理理念的中心，它强调文化资源在组织管理活动中具有极为重要的意义。文化管理的逻辑思路是：特有的组织文化和组织核心价值观一经形成，便反过来对组织成员产生塑形作用，组织的竞争力和凝聚力自然而生。

因此，文化管理将科学管理的"刚性"管理方式转化为"软性"管理方式。它不像科学管理那样是单线条的管理，而是重视人与文化的双向互动关系。在科学管理理念下，组织的管理活动属于单线条的管理，这样的管理是由领导者制定出规章，然后对组织成员进行规范，使他们严格遵守组织的规章。而文化管理的特征是：一方面，人为构建起组织文化；另一方面，组织文化潜移默化地渗入组织成员的意识，渐渐实现价值观和行为准则被组织成员内化于心、外化于行。可以说，组织成员这样的行动是自觉的，而不是被迫的。

高等教育管理从凭借经验开始，到后来实现科学化，再到现在重视文化因素的作用，管理范式这三个阶段的代际转换不只是管理方式的变换，更是管理理念的革新。但是，正如丹尼尔·雷恩（Daniel Wren）提醒的那样："管理思想中的时代从来不会在某一年份截然地开始和结束。相反地，存在着旋律的重叠，各种主题在大调、小调的各种调式的变换中演奏出来。"（《管理思想的演变》）管理理念和管理范式的代际转换并非一种思想和方式上的分道扬镳，后一时代的管理理念和管理方式会在前一时代里孕育出来，而前一时代的管理理念和管理方式也会在后一时代延续下来。从高等教育管理范式代际转换的三个阶段来看，科学管理没有完全抛却经验因素，文化管理也会有科学管理的身影存在。高等教育文化管理突出文化因素的作用，并不是对规章制度的否定，而是强调重在发挥文化的培育、塑造、凝聚、激励和导向等管理功能，使师生从内心深处与学校的基本标准、总体目标、价值观念和教育理念保持一致，行为上由被动变为自觉。

二、高等教育文化管理的必要性与可能性

文化管理首先在企业管理中取得成功，近些年才逐渐进入高等教育的管理活动中。这种转变并不完全是追新慕异之举，而是暗合了高等教育管理的内在诉求。由于历史的原因，我国的高等教育发展水平不高，早期的管理模式是计划经济时代的产物，主要是借鉴苏联的经验，将高校定义为事业单位，用行政手段对高校进行管理。虽然改革开放以后，以《高等教育法》为代表的一系列政策法规陆续出台，高校管理从人治转向法治，逐步规范起来，也取得了一定的效果，但是随着多元化、全球化时代的来临，管理的弊端日渐凸显，带来了一些不良的后果，如学校凝聚力的降低、大学精神的缺失、社会责任感的淡漠、师生的归属感不强……归根结底来说，就是大学文化的缺位。近年来，我国高等教育在校园建设、培养规模等方面取得了明显发展，在教学和学习的评价标准上也有所改善（如普遍实行学分制），但是高等教育管理的理念和模式等"软件"方面并没有像"硬件设施"那样有明显的改善，与建设一流现代化大学仍有一定的距离。

这催生了变革的诉求，而大学本身的特质则将管理变革的方向指向了文化。高等教育管理的对象主要是高校教师和学生，他们具备较为丰富的知识、较高的自我管理水平等。要想激发他们的主体性和责任感，提高管理质量，增进管理效益，平衡管理矛盾，增强大学的文化竞争力和文化执行力，文化管理可谓是高等教育管理的必由之路。

高等教育实行文化管理不仅是必要的，也是可能的。大学文化治理之所以可能，关键还在于大学文化本身就具有治理性，这种治理性集中体现为大学文化与大学治理在相互作用的过程中彰显出来的独特治理功能。这种治理性可从多个角度得到阐释：在文化学的意义上，文化能够促进受众的自我监督与管理；从组织行为学方面来说，文化是组织成员共享的心理图式；从管理学的角度看，文化具有特殊的管理属性和功能。

可以说，文化管理理应成为当代高等教育管理的进阶选择。一个优秀的大学管理者，就必须在营造良好的校园文化氛围上狠下功夫，因为像校训这样的大学文化能集中诠释

学校的办学理念、办学宗旨和培养目标，一个意蕴深刻的校训易于使师生明确努力方向，激发他们的奋斗精神，其他校园文化形式的管理功能也各有千秋。并且，校园文化一旦深入师生的内心，就会变成他们内在的东西，成为一种持久的力量，这是规章制度等外在因素无法比拟的。

三、高等教育文化管理的实质内涵

高等教育实施文化管理，不能盲目行事，必须深谙其道才行，否则会找不到方向，难有效果，甚至适得其反，反而使规章制度和组织标准沦为一纸空文，得不到遵守和执行。卓有成效的文化管理，关键是要领悟它的精髓要义。我们可以从以下三个维度来把握文化管理的实质内涵：

（一）文化内涵及其要素

文化，有广义和狭义之分。从广义上讲，"文"通"纹"，泛指一切非纯自然状态的存在，只要是人在自然界留下的痕迹与烙印，都是"纹"，也就都属于"文"的范围；"化"，既是动词也是名词，既指非纯自然状态发生的过程，也指最后的结果。从文化的本意来看，它是人类实践活动使世界出现的"二重分化"状况：在实践基础上，世界分化为"人化自然"和"自在自然"；"人化自然"与"自在自然"分离之后，前者就成了人类活动的领域，最后在实践活动中又进一步分化为"主观世界"和"客观世界"。因此，文化主要包括主观性的（如价值观念等）和客观性的（如建筑物等物质产品），还有就是介于二者之间的规章制度。狭义上的文化，专门指的是主观性文化的那部分。通常，管理中的文化主要是组织在解决它的外部适应和内部整合问题的过程中，基于团体习得的和共享的基本假设的一套模式，这套模式运行良好、非常有效，因此它可作为对相关问题的正确的认识、思维和情感方式，传授给新来者。

说到这里，就有必要指出：文化管理所说的文化是人为创设的组织文化，这种文化与人类学文化不同。后者是自发形成的，是一定地域的人们在生产或生活的交往实践中产生的物质产品形态（如造型及外包装）、价值观念、风俗习俗等；而前者却是刻意打造的，是由领导者设想、选择、培育、推进和扩散的，是人为性质的文化，包括物质的、制度的和观念的方面，最主要的是观念的方面。相比较而言，组织文化比人类学意义上的文化形成的速度要快，对组织成员产生的凝聚力要强，变动性要大。另外，组织文化可能是好的，也可能是不好的，文化管理是要着力打造好的组织文化，以此对组织成员进行激励、协调和引领。但人类学意义的文化没有优与劣的问题，所有民族的文化都是平等的。

一个高等学校的文化不单单是观念上的，它是由一系列无形的东西组成的复杂结构，只不过是通过观念的形式被师生员工所内化。高等学校的文化构成要素主要包括五个方面：环境条件、价值观、英雄人物、礼仪、文化网络（隐秘的消息传播渠道）。其中，价值观是中心。高等学校的文化管理要同时考虑这些方面，不能偏废，当然最终是要形成核心价值观。

（二）文化与人的统一性

无论如何，高等教育文化管理的对象是师生员工，但他们不是纯生物意义上的人，也不是单纯社会意义的人，而是处于特定的文化氛围中，并被这样的文化塑形，是"文化人"。文化是"人化"的，文化是"化人"的。人与文化具有天然的统一性，人就是文化，文化也就是人。作为一种组织文化，高等学校的校园文化虽说是由管理者推动和营造的，但不能没有师生员工的积极参与，是"人化"的结果。反过来，校园文化必定会对全校师生员工产生影响，文化塑造人，具有"化人"的功能。在校园文化与师生员工的双向互动中，文化与人，即校园文化与师生员工达到了基本的统一。尽管他们的个性仍然保持着，不完全是千人一面，但至少在总体的价值观念上，由一个校园文化所培育与塑造的师生员工确实具有基本的一致性。

（三）"文化人"的文化自觉

真正把人们维系在一起的是他们的文化，即他们共同具有的观念和准则。受特定文化熏陶的"文化人"不再感觉是被动"受迫"的，他们变得自觉了，文化的因素被他们吸收、内化，成了他们的内驱力。文化犹如舞池中的基本规则，这套规则其实就是大家普遍遵守的一种跳舞模式，没有指挥者，是自然形成的，靠每个参与者自己去习得。舞者在舞池中的时间越长，对舞池规则的领悟就越深，跳的舞也就更加自觉自如。同样，身处文化之中越久，就越能与文化融为一体，文化的东西就变成他的东西，他的心理和行为仍是属于他们自己的，但同时又是属于他身处其中的文化的。

四、高等教育文化管理需注重的几个问题

通过文化而培育出"文化人",由"文化人"而产生文化自觉,这并不是轻而易举、水到渠成的事。高等教育实施文化管理,有几个问题应当予以高度重视,如该如何选择合适的文化,如何让师生员工将文化内化于心,文化的辐射效应怎么样等,否则难以产生良好的效果。这些问题是由高等教育的特点及高等教育管理的特殊性引出的,决定着高等教育文化管理的方向,也决定着它的成败。

(一)文化的选择问题

大学是具有极强文化属性的特殊组织,是文化的存在和反映,高校管理的对象主要是教师和学生,这两类对象的文化水平在整体上比较高,对于这样的对象,就产生了文化选择的问题。这里所说的文化选择,包括文化内容、文化形式、文化结构、文化模式和文化管理的方式等,如办学理念、培养目标、校训、教学楼名称、校园环境营造等,都在文化选择范围之列。在选择文化时,最为基本的是不能把企业文化简单地移植到高校当中,高等教育文化管理应该有高等学校特点并且是更具文化特色的。高等教育要有自我意识,对校园文化的特征、自身的办学定位和专业特点、师生员工的文化偏好以及当前的文化建设状况等有清楚认识,并在此基础上,因地制宜、扬长避短,明确校园文化建设的目标、内容、形式和侧重点,把握好校园文化建设的大方向。文化选择不只是起始阶段的事,而是贯穿校园文化建设的整个过程,在推进文化管理的每个阶段与每个环节都会面临文化选择的问题。

高等教育是以为社会培养出各类人才为己任的。虽说学生是教育的"产品",但却是活生生的、有独立思想和自身精神追求的"产品"。高校教师是以传播、应用和创新知识为己任,以发展学术、追求真理为目的的一类群体。尽管这两类对象在知识结构、思想成熟程度、觉悟、人生目标等各个方面都有很大不同,但他们都是与知识、品质密切相关的一类人。因此,在文化选择上,高等教育文化管理要注重选择有利于构建知识和升华品质的文化,而不能注重选择那些重视效率和强调竞争的文化。

高等学校的办学定位、办学特色、办学层次、专业特点以及精神风貌都不尽相同,这就要求针对高校的自身特点作出适当的文化选择。不同类型、不同层次、不同专业特点的学校,文化选择应当有所区别,不能千校一面。

（二）文化的内化问题

高等学校实施和推进文化管理，旨在以文化育人。高校文化管理是否富有成效，最终要看校园文化是否得到认同，是否被师生所内化，这正是前文所说的以文化"化人"的真谛所在。

校园文化被内化，靠的不是自上而下的强制，也不是消极的等待，它需要进行合理的、整体的规划，给予积极的、正确的引领。文化选择、文化营造、具体实施等文化管理的整个环节都离不开合理规划，只有规划得合理，高等教育文化管理才能有效实施，逐步推进。在作出整体规划的同时，还需要加强引导，使校园文化建设行进在正确的轨道上，学校党委宣传部门要把好关，必要时要成立专门机构，负责校园文化的建设。

校园文化的内化，不能寄希望于单一渠道来实现，也不能指望靠一时之举就能奏效，校园文化建设是一个系统工程，需要师生长期的共同努力。学校应充分利用硬件和软件，采取多种形式，比如开展文娱活动等，多管齐下，把校园文化全方位地呈现出来，营造出浓厚的气氛，让师生员工感觉沐浴在文化当中，时时呼吸到它的气息，处处感受到它的力量。学校还应根据本校特点把校园文化渗透到课程和实践活动中。普通本科院校可以在课程中融入校园文化的形式为主。而高职院校的主要任务是培养掌握特定技能的人才，实践性教育在高职院校教育中占有相当的比重，因此要注重把校园文化因子渗透到学生的实践活动中，使他们在实践活动的过程中感受校园文化的存在，并以实践方式参与其中，在实践中接受校园文化洗礼，并通过实践表现出来。当然，高职院校也不能让理论课程在文化育人中缺席，要重视在理论课程中渗透校园文化的因素，使理论课程与实践活动在文化育人过程中相得益彰。

校园文化的内化，有赖于校园文化本身在内容与形式上的与时俱进。要紧跟时代潮流，把握时代脉搏，鼓励创作一些反映现实生活的校园文艺作品，辅以喜闻乐见的表现形式，增强文化的感染力。

（三）文化的辐射问题

高等教育的文化管理不能止步于重视文化因素所具有的教育功能，还应扩大校园文化的影响力，向外辐射，形成一个以校园文化为中心的优质文化场，让校园文化影响社会成员，产生良好的社会效应。校园文化的辐射载体既可以是教师，也可以是学生；既可以是科研成果，也可以是职业培训。

在这方面，高职院校比普通本科院校更具有优势。因为相对来说，普通本科院校的学生要等到毕业才能走上社会，学校与外界的交往并不十分频繁，即使是应用型本科院校也只是在学生短期实习时才与外界有频繁的交往，而教师一般是通过讲座、校企项目合作等方式与外界相联系，也就说普通本科院校对社会产生的文化辐射不够及时，效应也不强。而高职院校的学生往往有较长的企业实习期，并且是群体性的，这样能把校园文化带到所实习的企业，对企业员工产生或多或少的影响。并且，学生实习完毕回到学校也会把企业文化的一些因素带回学校，形成校园文化与企业文化的良性互动，企业文化会反哺校园文化，促进其繁荣与更新。

我国的高等教育管理受益于泰勒的科学管理模式和苏联的高等教育管理模式，已取得了一定的成绩，但也形成了一种僵化的管理惯性，无法适应快速发展的时代要求。要变革现状，实现中国高等教育的新生，培养更多的人才，促进国家的崛起，必须顺应政府管理体制改革的大趋向，反思高等教育中的现实问题，将培养差异化的优质人才放到教育目标的首位，实行文化管理，从文化着手，既重视唯物史观和科学态度，也重视人的情感因素的存在，树立人的主体地位，充分发挥其主观能动性，实现理性和情感的完美结合，促进师生员工与学校的共同发展。

第二节　以人为本视野下
高等教育管理的实践与探索

进入 21 世纪之后，我国的工业化进程不断推进，科学技术迅猛发展，高等教育事业也呈现出如火如荼的发展态势，为社会输送了不少有用之才。但是，在高等教育事业繁荣发展的背后，一些问题也逐步凸显。随着社会主义市场经济的不断发展，我国的部分高校开始以经济效益衡量成败得失，这反映出目前的高等教育管理存在一些不容忽视的问题。如何以人为本实施高等教育管理，是高校工作者必须面对的重要课题。

一、高等教育管理坚持以人为本的必要性

所谓以人为本，是人与自然、社会关系中体现的一种基本价值观念，注重以人为价值核心，将人视为最高的价值目标。早在欧洲文艺复兴运动开始之际，以人为本的思想就已见雏形，认为人是社会的主体，是所有活动的根本要素；一切活动都要挖掘人的主观能动性，以最大限度地发挥人的积极性和创造性为终极目标。

高等教育以人为本就是各级教育行政机关、高等院校在组织教学、科研、行政等各项管理活动中做到以人为中心。高校在管理过程中坚持以人为本是社会和时代发展的必然要求。

（一）高等教育功能定位的必然要求

长期以来，部分高校对高等教育的目的和功能定位不清，一直停留在高等教育与政治、经济、文化的相互关系中去思考，而不是从高等教育对个体的生命意义去考虑。部分受教育者认为接受高等教育是为了谋取一份好职业，而不是为了完善个性。而贯彻以人为本的理念，可以使高等教育重新焕发出活力，使高等教育回到"培养什么人""如何培养人"的本质问题上，实现功能回归。

（二）弘扬高等教育精神的必然要求

在现实生活中，我们经常看到高等教育腐败事件屡屡发生，招生黑幕屡禁不止。有的教师不安心教书育人，反而落于争名夺利的桎梏中，与人们推崇的无私奉献、求真尚美的高等教育精神背道而驰，使我国高等教育的发展蒙上一层阴霾。

仅用实用主义论教育，必然导致专家学者专注于寻职业、谋出路，自私自利，不顾他人，使整个教育精神沾上急功近利的铜臭味。高等教育工作者应该以自身渊博的知识和高尚的品格感染学生，弘扬高等教育精神。要实现这个目的，就必须坚持以人为本。

（三）构建社会主义和谐社会的必然要求

构建社会主义和谐社会是举国上下的奋斗目标，具体包括人与自然的和谐、人与人的和谐、人与社会的和谐。人与社会的和谐首先需要培养出和谐的人。大学生是未来社

会的中坚力量，是促进未来社会长治久安的主力军。高等教育要通过对大学生的心性和道德教育，将他们培养成真善美的人，集知识、技能、素质、理性等于一体的人。而要达到这个境界，必须坚持以人为本，这样才能逐渐培养出和谐的人，进而促进社会主义和谐社会建设的顺利完成。

二、高等教育管理坚持以人为本的建议

（一）坚持以学生为本

毫无疑问，高校的主体有两类，一是学生，二是教师。高等教育管理要做到以人为本，首先要以学生为本，使学校的一切工作为学生服务。从目前来看，高等学校中的大学生基本都是"00 后"，他们在成长过程中接收到的信息更加多元化，所以见识更加开阔，思维更为活跃，这就对教师的专业素质和道德素质提出了更高的要求。在教学实践中，教师要尊重每个学生，相信学生的能力，以友善、平等、和蔼的态度与学生相处；要采取合适的教学方法激发学生的学习兴趣，调动他们的学习积极性，促使学生成为学习的主人。事实证明，只有将学生视为具体的、鲜活的、个性的主体，才能真正贯彻落实以人为本的基本精神。

具体而言，教师要做到以下几点，以促进大学生的健康成长和全面发展：①教师要尊重学生的主体性，灵活设计教学过程，实施情境教学法、任务驱动法、小组合作探究法等，因材施教，逐渐将学生培养成符合社会发展要求的高素质人才。②在培养学生的过程中，要坚持以德为先的原则，这既有助于建设社会主义和谐社会，也可以促进大学生的全面发展。教师要采取行之有效的措施提升大学生的思想道德素质，净化其心灵，陶冶其情操，使其具备人文精神。③重视培养学生的实践能力，新时代的发展对高校大学生的实践能力提出了高要求，教师可以利用寒暑假组织大学生参加社会实践活动，如"三下乡"、志愿支教、社会调研等，竭力将大学生培养成全面发展的人才。

（二）正视教师的作用

在高校办学过程中，教师是学校之本，也是学生的引路人，要想培养出一流的学生，必须打造一支一流的师资队伍。就高校教师而言，不仅要具备扎实的教学知识，还要具备过硬的科研能力。只有这样，高校教育质量才能不断提高。高校要切实加强对教师群体的管理，强化人本意识，克服行政化、官僚化的弊端。

第一，高校要不断强化人才强校的办学理念，加强师资队伍建设，积极打造高素质的教师队伍。高校要认清形势，创新工作思路，吸引、培养、延揽一支具有国际水平的教师队伍；要加强对现有教师的教育培训，提升他们的综合素养；要不断引进优秀人才，为教师队伍注入新鲜血液。

第二，高校要努力创设人尽其才的良好环境，为教师群体优化工作环境，充分发挥教授在治学过程中的重要作用，促进学术精品课程的建设，促进学术骨干的成长，竭力提升高校的发展后劲。

第三，高校要优化教师评价与激励机制，不要仅仅将眼光放在教师发表论文的数量上，尽量避免评价过程中的功利化倾向，要着眼于他们日常的工作表现，加强绩效考核，充分调动教师的工作积极性。

（三）创设良好的校园文化氛围

环境对人的全面发展有着潜移默化的影响。良好、和谐的校园环境势必能促进广大师生的发展，高校要努力构建"以人为本"的校园文化，将所有师生视为学校文化建设的核心。他们不仅是文化管理的客体，同时也是文化管理的主体，要切实让广大师生感受到自己是校园的主人，愿意为了学校的发展不断奋进，将个人目标与学校目标融为一体。

第一，高校在制定各项措施与规章制度时，要将广大师生放在核心地位。高校要维护广大师生的合法权益，从教师和学生的根本利益出发，谋求高校的稳定、和谐和快速发展，让广大师生能共享学校的发展成果。

第二，高校要科学合理地处理校园内不同群体之间的关系，尤其要关注困难教师、困难学生的利益，解决他们生活方面的后顾之忧。高校要多用换位思考的方式来妥善处理各种问题。

第三，高校各部门开展相关工作时，要积极推进制度建设，将领导者置于民主监督之下。

第四，对于涉及广大师生根本利益的工作，高校要通过各种形式征求师生的意见，在此基础上根据有关规定，让集体决定工作方案。在实施工作方案时，还要不断接受反馈意见，及时调整方向，维护各方利益。事实证明，如果整个校园充满公平、公正、公开的氛围，就会将广大师生的力量凝聚在一起，使他们自觉成为校园文化的拥护者和实践者，推动高校不断向前发展。

以人为本的理念为高等教育管理指明了方向，高校要坚持统一性与灵活性有机结合的基本原则，调动广大师生的主观能动性，促使他们齐心协力地参与到学校管理中，使高等教育事业迈上新的台阶。

第三节 "互联网＋"对高等教育管理的影响及在其中的应用

随着信息时代的来临，"互联网＋"模式在社会各领域中都实现了广泛的应用，给社会生产以及人们的生活带来了全新的改变与体验。高等院校的一项重要工作便是教育管理工作，优化教育管理工作对于提高高校的教育水平、加强高校建设、推动高校的长远发展有重要作用。当前高等教育管理工作也逐渐应用了"互联网＋"的管理模式，本节就"互联网＋"对高等教育管理的影响进行简要探讨，并结合当前高等教育的管理情况提出几点有效的"互联网＋"管理对策，以期能够提升高等教育管理水平，使"互联网＋"更好地为高等教育服务。

一、"互联网＋"对高等教育管理的影响

互联网以其特有的开放性、合作性、共享性等优势得到了迅速发展，对促进社会的进步和发展起到了不可替代的作用。在信息时代背景下，"互联网＋"模式在为高校教育管理工作带来诸多便利的同时也使教育管理工作面临着不少挑战。

作为信息时代的产物，互联网技术对促进各行业发展、推动社会进步有着极为重要的作用。在高等教育管理工作中应用互联网技术，实现教育与技术的相互结合，为高等教育管理注入了新鲜血液。然而由于高等教育管理自身的特殊性，互联网技术的应用也为管理工作带来了一定的问题，亟待相关人员采取有效对策加以解决。

（一）"互联网＋"对高等教育管理的积极影响

第一，通过应用互联网技术，高等教育管理的工作模式实现了丰富与创新。当前很多高校的教育管理工作者都是采用传统的管理模式，不但无法满足高等教育的发展需求，而且会弱化高校的教育管理水平，在极大程度上制约了我国高等教育的进步与发展。将"互联网＋"模式应用到高校教育管理工作中，可以有效创新管理工作的模式。在互联网技术的辅助下，教师的教学方法得以丰富，在提高高校整体教学质量与效率的同时促进了教育管理工作的高质、高效的开展。

第二，"互联网＋"模式的应用在很大程度上优化了高等教育管理资源的配置。对于管理人员而言，高等教育管理涉及的工作内容烦冗复杂，需要投入大量资源。互联网技术的应用使管理工作实现了办公自动化，可以优化整合各项管理工作，有助于解决当前高等教育管理工作中存在的各类资源配置问题。

第三，通过应用互联网相关技术，可以使高等教育管理工作不断向公平、公正、公开的方向发展。高校可以创建信息交流网络平台，在平台中公示本校各类管理工作。通过这样的方式，学生、教师和家长就可以全面了解学校的具体发展情况。除此之外，学生、教师和家长可以通过该平台对学校的教育管理工作进行有效监督，从而使高校的教育管理水平得到不断提升。

（二）"互联网＋"对高等教育管理的消极影响

尽管互联网技术对提升高等教育管理水平有积极作用，但是相关管理人员也要深刻

认识到该技术也给高校教育管理工作带来了诸多挑战。只有对"互联网＋"模式带给高等教育管理工作的积极影响和消极影响进行准确把握，才能将互联网技术科学合理地应用于高等教育管理工作中，使"互联网＋"的优势得到最大限度的发挥。就当前互联网技术在高等教育管理工作中的应用现状来看，其消极影响主要表现在以下几方面：

第一，安全难以保障。在应用互联网技术开展教育管理工作的过程中，黑客攻击、病毒入侵等问题难以避免。这些问题一旦发生就无法保障相关信息的安全，在极大程度上影响了高等教育管理工作的顺利开展。

第二，应用互联网技术、建设网络平台通常需要大量的资金支持，并且需要耗费不少资金对技术及平台进行维护。而目前部分高校并没有很多资金可以用来支持教育管理工作，如此就很难使"互联网＋"模式在高等教育管理工作中得到很好的应用。

第三，互联网技术的广泛应用也在很大程度上改变了学生的生活与学习方式。很多学生会利用网络发展一些与学习无关的爱好，如网络游戏、追剧等。如此一来，学生的学业成绩可能会受到影响，最终增加了高等教育的管理难度。

二、"互联网＋"在高等教育管理中的应用对策

（一）革新传统的教育管理理念

要想使"互联网＋"模式在高等教育管理中实现有效应用，充分发挥自身的积极作用，那么相关高等教育工作者必须对传统的教育管理思想和观念进行转变和革新。

首先，高等教育管理人员应当高度重视现代化的教育管理方式，深刻认识到互联网技术对高等教育管理所带来的积极影响。

其次，在高等教育管理工作实践中，高校教师及相关管理人员应当充分认识到互联网技术在教育管理工作中的应用价值，转变自身固有的观念看法，不论是在日常的教学活动中抑或管理工作中，都需要有意识地应用互联网技术，实现互联网技术与教学管理工作的深度融合，不断提高互联网技术应用能力。

最后，高等教育管理人员应当形成终身学习意识，积极学习先进的管理理念，树立危机意识，正确认识传统高等教育管理工作中存在的不足，结合"互联网＋"模式，将互联网技术确切地应用到教育管理工作中，创新高等教育管理模式，优化管理效果，将

互联网技术的优势充分发挥出来。

（二）建立并完善网络技术平台

为使"互联网＋"模式在高等教育管理中得到积极应用，高校应当积极构建网络技术平台，并且不断地对其进行优化，以此来提升高等教育管理的质量和水平。

首先，在这个过程中，高等教育管理人员应当以学校自身的实际发展情况为依据，结合学生的具体学习需求，为学生构建一个与其教育发展需求相适应的网络学习平台，通过采取有效的措施来满足学生的具体学习需求，比如对平台的数据信息进行及时更新、延长平台的开放时间等。

其次，高等教育管理人员要加强对网络技术平台的管理制度建设，通过制定相应的管理制度，更好地监督管理网络技术平台，以此来确保网络技术平台在应用过程中的安全性。

最后，高等教育管理人员还应当通过应用先进的互联网技术加快建设高校校园局域网，并且不断完善网络技术平台的配套设施，使高等教育管理真正做到与时俱进，满足我国高等教育的发展需求。只有这样才能将"互联网＋"对高等教育管理的积极影响真正发挥出来，推进高等教育管理的发展。在这个过程中，高等学校及教育主管部门需要加大对"互联网＋"教育管理工作的资金投入，为互联网技术在高等教育管理中的高效应用提供资金支持与保障，不断推进高等教育管理的现代化、信息化进程。

（三）提高教育管理人员的综合素养

除了前文所述的两项应用对策，提高高等教育管理人员的综合素养也是发挥"互联网＋"在高等教育管理工作中积极作用的有效对策。

一方面，高等教育管理人员需要不断提升自身的综合素养。高等教育管理工作人员的综合素养得以提升，不仅可以保证"互联网＋"模式能在高等教育管理工作中得到确切应用和落实，同时也是促进高等院校教育管理水平提高的必然选择。在提升高等教育管理人员综合素养的过程中，高校需要定期组织相关教育管理人员学习网络技术知识，并参与相应的专业培训，从而使其掌握互联网技术的应用技巧，提高对互联网技术的应用水平和应用能力。

另一方面，高校需要选聘素质高、专业强的现代化管理人才参与到教育管理工作中来，使高等教育管理队伍的整体素质和管理能力得以有效提升。如此一来，在高校的教学活动中就能确切推进互联网技术的应用，提高教学的质量与效率，促使高等教育不断向信息化方向发展。

总之，在实际应用互联网技术的过程中，高等教育管理的工作模式实现了创新，并且在极大程度上优化了高等教育管理资源的配置，对提高教育管理的质量和水平有积极作用。为了充分发挥"互联网＋"对高等教育管理的积极影响，高等教育管理人员要正确认识"互联网＋"对于高等教育管理的积极作用，采取灵活有效的对策将互联网技术切实应用到高等教育管理工作中，提升高等教育管理的质量与效率，满足信息时代下高等教育的发展要求。

第七章　高等教育评估

第一节　高等教育评估概述

教育评估是从教育测量活动中逐步发展出来的,作为新兴的教育科学研究领域和现代化教育管理的手段之一,已受到世界各国政府和学术界的重视。在我国,随着高等教育事业的蓬勃发展,教育评估工作在政府教育主管部门的宏观指导下,正在有序地实施。教育评估的实施有助于确立国家宏观调控和高等学校自我调节机制,并使这种机制不断完善。教育评估涉及的面很广泛,有学生评估、教师评估、教学评估、课程评估、学校与教育机构评估和教育政策评估等。

一、教育评估的概念和基本特征

(一)教育评估的概念

教育评估是指对教育的价值进行判断的过程。但是,这种判断过程不是随意的,而是建立在对教育现象科学分析的基础上的,并且评估的范围应该是教育领域中的一切教育现象或活动,目的在于提高教育质量。

教育评估是在系统、科学、全面地搜集、整理、处理教育信息的基础上,对教育的价值作出判断的过程,其目的在于促进教育改革,提高教育质量。

教育评估的实质是对教育活动中事物或人物的价值判断。教育评估的过程实质上是对教育活动中事物或人物现实的或潜在的价值作出判断的过程。

（二）教育评估的基本特征

1.教育评估的综合性和广泛性

教育活动中的事物和人物都具有系统性。对它们进行评估不仅是为了衡量其符合教育目标的程度，寻求其自身尽可能好的效能和尽可能高的效益，而且必须考虑它们自身过程和结构的合理性，内部各组成部分之间的有机联系，以及对社会和教育事业发展的贡献和影响。因而，教育评估的内容和范围一般说来是非单一的：评估往往指的是综合评估；价值判断往往是综合分析的结果。

2.教育评估的决策性和行动性

任何评估都有其目的，或表现为对产品的鉴定，或表现为对设计方案的审查评比，其结果都是为了选择和制定最适宜的决策，进行今后的行动。教育评估也一样，不是教育活动历程的终点，而是其进程中的"加油站"。就教育活动的现状加以评估，既是为了衡量它是否达到既定目标，也是对它今后的完善进行诊断并提出建议；既是为了促进教育进步，也是为了提高教育质量和开展教育改革。

3.搜集信息的客观性和系统性

教育评估是一种信息反馈方式，它有目的地搜集各方面信息，并通过信息处理对被评估的教育客体作出价值判断。在评估过程中，评估人对信息的反应、信息处理后的价值判断和判断后提出建议属于三种不同的认识范畴。反应属于客体性认识，价值判断属于主体性认识，提出建议则属于在主体认识上的主体一致表现。在这里信息的系统搜集和客观反应是基础。所以教育评估必须有超脱与被评估对象利害关系的评估人来完成。评估需要成立专家小组，以便尽可能排除、抵消个人看法所带来的某些片面性。此外，为了有效、准确而简易地进行评估中的价值判断，所搜集的信息应该是可靠、可信、有效和简单的，并且能反映主要问题。

4.教育评估方法的科学性和可行性

教育评估既然是一种对教育活动的客观而综合的价值分析和判断，它必须具有与教育评估目的相适应的科学方法，包括建立正规的评估制度、制订适宜的评估方案、建立有效的评估指标系统、具备明确的评估标准、采用科学的采集信息和对信息进行量化处理的方法等。另外，由于教育评估是专家小组和被评对象共同参与的一项群体活动，涉及的人力较多，动用的物力和财力较大，因而教育评估在制度、方案、指标体系和方法上力求简易可行，能为多数人所接受。

5.教育评估过程的程序性和常规性

由于教育评估以推动教育的进步为目的,而社会和科技的发展又不断对教育的进步提出新的要求,人们应该把教育评估视作整个教育事业发展中不可缺少的组成部分,推动教育事业前进的驱动力之一。正像工业产品必须进行程序性的检验和经常性的评比才能够保证和不断提高产品质量一样,主要的教育活动必须经过坚定和常规的周期评估,才能够保证和不断提高教育质量。教育评估绝不是一种即时的价值判断,而是一个常规的、周期的和系统的连续过程,在它的进展过程中有其自身固有的活动规律。

6.教育评估结论的确定性和阶段性

教育评估必须有明显的结论。它是教育评估的结果,是作出教育决策的重要依据,也是促进被评估对象自我完善、调节目标和改进工作的催化剂。教育评估的结论或者表现为确定合格与不合格,或者表现为提供优点与缺点,或者表现为得出综合分值,或者表现为分等排名等。总之,应该在定性或定量上有确定的表达方式,并在一定的范围内予以公布。由于教育评估需要定期进行,教育活动本身也在不断发展,因而每次教育评估的结论也具有阶段性的特征。

由上述教育评估基本特征的分析,可以进一步深化教育评估的定义:教育评估是参照现有的教育目标,通过系统地搜集信息,采用科学的方法对教育活动中的事物或人物作出综合价值分析和判断的过程。教育评估的目的在于提高教育质量、推动教育改革、改善教育管理以及作出促进教育进步的决策。

二、高等教育评估的特色和作用

(一) 高等教育评估的特色

首先,高等学校着眼于培养专门人才、开展科学技术研究和直接为社会服务三项基本职能。根据我国国情,高等教育又有博士研究生、硕士研究生、本科生和大专生等四个层次;高等学校又分科研型、教育科研型、本科教育型和高等专科学校等四种类型。随着教育的发展以及办学思路的开阔,又有了高职学院。因此,要根据不同层次、不同类型学校的基本职能开展教育评估。高等教育评估领域广泛,涉及专科、本科、研究生教育,以及科学技术研究和高等学校管理等;其内涵复杂,包含办学方向、教育过程、教育效果和办学效益等；且所评项目多样化，如学校评估、专业评估、课程及课程设置、实验室及其他专项评估等。同时，随着高等教育体制的改革，不同层次、不同类型学校的教育改革正不断深入，在学校教育评估实践中应将评估和改革结合起来，使改革真正触及教育的实质，向教育的纵深发展。

其次，高等教育属于专业教育范畴，担负着为社会培养各类高级专门人才的重任。高等教育评估理所当然会和社会发生直接联系。这种联系反映为：①社会用人部门对学校毕业生的质量评估，也是社会对高等学校教育成果的总结性评估；②在高等教育评估中必须经常搜集社会上参加工作的学校毕业生的反馈信息，他们对高等教育质量和过程进行价值判断具有发言权；③在高等教育评估的过程中必须包括社会用人部门的代表和行业协会的专家，以便使社会与高等学校的联系畅通。

再次，高等学校培养对象多为18～22周岁的年轻人。这个时期正是人生中体力、智力和个性发展的最佳时期和形成时期，也是思想上最容易接受各种社会思潮的时期。因此，高等教育评估应该围绕"培养人才基本素质"这个中心展开，不仅要重视德智体美劳这类形成性教育活动的评估，而且要重视学生政治素质、业务知识水平、能力和人格等成果性教育效果的评估，还要提倡学生在自主学习过程中的自我评估。

最后，高等学校培养人才受多元因素的制约。从学校外部环境分析，家庭、社会、国家政策、民族历史文化背景和世界科技进步等都会对学校的教育活动产生重要影响；从学校内部环境看，办学思想、办学条件和办学水平必然对学校的教育活动起着决定作用。这些内外因素相互联系、相互作用。另外，高等学校培养人才的教育效果要在学生毕业一段时间后才能逐渐显现出来。因此，教育效果具有潜隐性和滞后性。这些影响教育的因素和教育效果间的关系是相关联的，有可能是多种影响因素产生一种教育效果，也可能一种影响因素引出多种教育效果。这使高等教育评估中的价值判断变得复杂。

综上所述，高等教育活动表现为多职能、多层次、多类型、多因素和多效应的特点，但没有一个要素能够独立影响高等教育活动本身。高等教育评估常表现为内涵上的综合性和价值上的模糊性，将高等学校教育活动中事物和人物的价值判断冠以"教育评估"的名称是适宜的。

（二）高等教育评估的作用

第一，开展高等教育评估是高等学校增强办学动力与活力，进行自我检查和自我调节的基本手段，可以起到鉴定和诊断的作用。

第二，开展高等教育评估是高等学校主动适应社会政治、经济、文化和科技发展需要，密切高等学校与社会联系的重要途径，可以起到反馈和沟通的作用。

第三，开展高等教育评估是高等教育行政部门改进与加强对高等学校宏观管理、指导与监督和实现决策民主化、科学化的必要条件，可以起到监督和决策的作用。

第四，开展高等教育评估是为了迎合高等教育事业的改革和发展的需要，可以起到导向和激励的作用。

总之，高等教育评估具有鉴定、诊断、反馈、沟通、导向、激励、监督和决策等诸多功能，但对不同的评估对象有所不同。

三、高等教育活动的价值及价值观

（一）价值和价值观

"价值"作为一种广泛使用的概念，一般包含三个方面的含义：一是人们在日常生活中使用的价值概念，即通常所说的"好"或"差"；二是经济学、社会学、伦理学等社会科学中广泛使用的价值概念，即"表示物的对人有用或使人愉快等的属性"；三是哲学"价值"概念。通俗地说，价值就是指客体本身具有的属性同主体需要之间的一种特定的关系。对这种关系的不同认识或评价便构成人们的价值观。

（二）我国高等学校教育活动的价值

1.政治价值

由于高等学校在社会环境中的特殊位置,它所培养的人才将直接参加社会较高层次的活动。因此，在评估中首先要注重考察教育活动的政治价值。在办学方针上，要贯彻以经济建设为中心，坚持四项基本原则和改革开放的基本路线；在教育内容、方式和方法上应符合建设有中国特色的社会主义的需要；高等学校所培养的人才要在政治上、思想意识上、行为准则上能够为社会主义现代化建设服务。

2.经济价值

科学技术是第一生产力，在社会主义现代化建设中，高等教育对社会发展的经济价值愈来愈高。高等学校通过文化、科技知识的传授对人才进行再生产和再加工。高等学校培养的人才平均质量愈好，对发展社会生产力愈有利，它的经济价值愈高；高等学校通过开展科学研究、技术开发为社会服务，所作的贡献愈大，它的经济价值愈显著；高等教育的经济价值也反映在它的投入、产出和效益上，产出和投入的比值愈大，它的经济价值也愈大。

3.文化价值

高等教育水平是一个国家、一个民族文化水准的象征。高等学校教育活动中的文化价值反映在：高等学校的教学、科研、管理、学校文化与校园建设的教育活动，对发展社会主义科学文化和精神文明所起的促进作用；高等学校的教学效果和科研成果对提高科技水平和民族的文化水平所作的贡献，以及它们在国内外学术界、文化界的地位与影响；高等学校内部各种学术思想、流派、观点、伦理意识、校风对社会产生的作用；高等学校教育活动对中等教育和初等教育的直接或间接的影响。

4.教育价值

高等教育为社会改革和建设提供人才，社会的发展、生产力的高度发达又为人才的全面发展提供了条件。高等学校的教育活动的教育价值在于：一是在全面提高人才素质的同时，使被培养对象的个性得到健康发展；二是教育活动中的所有事物、人物在提高高等教育质量和促进教育改革中的作用；三是教育活动本身在揭示高等教育规律及高等教育学科发展上的建树和贡献。

四、高等教育评估所依据的教育目标

教育目标是指通过有计划的教育活动所要实现的教育的目的和成果。按照教育活动管理责权的大小，可把教育目标分为三个层次，即宏观教育目标、中观教育目标和微观教育目标。宏观教育目标，是国家级的教育宗旨、培养目标，是抽象度最高的教育目标。一般在宪法或教育基本法或高等教育法中有所规定。中观教育目标，是指学校教育目标。各级各类学校依据宪法或教育基本法或高等教育法规定的教育目标分别设定的各自的目标，是各个学校的具体实践活动所追求的境地和目的。微观教育目标主要包括学年教育目标和单元教育目标。这种教育目标在短时间内是要完成的，是具体的教育目标。

（一）教育目的和教育目标

教育目标是指在教育目的的基础上制定出来的各级各类教育的标准和要求,其作用是使各级各类教育具有明确而具体的努力方向,从而激励教育工作者按照教育目标去促进教育目的的实现。高等教育的教育目标是指高等学校对各类专门人才的培养目标,以及高等学校在完成教育任务时应具备的条件和应履行的社会职能。它是支配高等学校教育工作者实现高等学校教育目的的理想和意图,也是高等学校一切教育实践活动的出发点和归宿。由此可见,教育目的是教育目标的依据,教育目标是教育目的的具体化。因此,教育目标是教育评估的依据,而教育评估则是对具体的教育活动是否达到教育目标所进行的价值判断。

（二）教育评估所依据的教育目标的内涵

在对一个国家的教育事业进行评估时,教育目标是指这个国家各级各类教育普及程度的目标,各级各类教育按照社会需求对受教育者身心发展所提出的标准和要求,以及教育机构的系统及其相互关系的合理性。这里的各类教育,包括中小学、大学、职业学校、军事院校等各方面的学校教育,也包括文化艺术馆、少年宫、图书馆、博物馆、纪念馆、广播电影电视和体育运动等方面的社会教育,以及健康、德育、智育等方面的家庭教育。这里的各级教育,包括国家级、省市级、区县乡级的教育工作。在对高等学校进行合格评估和办学水平评估时,教育目标是指学生在接受高等教育以后应该具备的在德智体美劳等方面的特征和素质的描述。

在对单项教育活动进行评估时,教育目标是指通过该项教育活动所预期的学生在认知、技能、能力、情感等领域的目标。教育目标是该项教育活动所应有的基本条件,以及该项教育活动所应完成的基本任务。以高等学校的课程评估为例,教育目标就是该课程的教学目标;教学条件,是师资、教材、教学文件和教学手段等方面的规定和要求;教学成就,是在教学体系、内容和方法等方面的贡献。在对教育活动中的人物进行评估时,所依据的目标是指按照教育目标所规定的对有关人物在思想和品质、知识和能力、经历和成就等方面的要求。

（三）教育评估所依据的教育目标的确定

高等学校的教育目标是高等学校教育工作的预期成果和规定要求。

高等学校的教育活动受到社会政治、经济、文化、科学、技术等外部条件和高等教育自身发展规律内部因素的巨大影响,其预定的各个层次的教育目标必然会在实施和评估过程中不断被修订、增补或更新。在既定教育目标基础上,经过教育实施和教育评估,产生新的进一步的教育目标,再经过教育实践和教育评估,产生更高的教育目标。

由于高等学校学科范围的复杂性以及教学过程的动态性,既无法预料教学成果的全部范围,也无法预先规定教学的全部要求。随着教学过程的进展,预料不到的成果和要求常常出现。所以修正、补充或重新制定教学目标,也是教育发展中的必然。

高等学校中有许多正在发展中的教育活动,如学生参加生产实习、学生参与科技开发研究、学生在校办工厂中的劳动教育以及直接走向社会接受的教育等。这些教育活动的目标,有的尚缺乏明确的表述,需要在其实践中和评估过程中逐渐形成和明确;有的已有表述,但不够准确,尚待在评估中加以价值判断,以便充实和完善。所以人们不能完全依据既定的各种具体目标来评估由它派生出来的相应教育活动,应该对具体的教育活动及其目标作出具体的分析和区别对待。

由于高等学校的最终目的是培养人才,而对一个接受高等教育的人来说,他的前途在很大程度上取决于他本人的素质、意向、抱负、信念和决心。所以,高等学校教育目标的表述,应该激励受教育者在未来发展中施展才华,使他在未来作出前程选择时具有灵活性和选择性。因而,怎样表述好高等教育的培养目标,是一个值得认真研究的课题。

尽管如此,既定的教育目标仍然是前人长期教育实践的总结,是教育决策者周密思索的结果。它应该也必然是教育评估的基本依据。在评估过程中,按照社会和教育的新发展,即使对教育目标有所评价、有所修正、有所充实,也是在既定的教育目标基础上进行的。因此,在评估之前,必须认清被评估对象应该达到的目标。这种目标,可以是既定的培养目标、教学目标以及各种教育工作的目标,也可以是根据社会和教育事业发展要求和教育评估的目的。

在评估过程中,可以对这些已定的目标进行价值判断。在评估之后,可以对既定目标进行修正、充实、完善乃至更新,成为下一次评估的依据。

五、高等教育评估的主要类型

根据不同的目的和要求，运用不同的评估方法去达到预期的目的，可以对高等教育评估进行不同的分类。

（一）按评估涉及的范围分类

1.宏观教育评估

宏观教育评估是以教育的全领域或宏观决策方面的教育现象、措施为对象的教育评估。例如，对教育目标、结构、制度、教育内容、方法以及教育行政管理和社会效益方面的评估。这种评估是全局性的、战略性的和高层次的。

2.中观教育评估

中观教育评估是以学校内部各方面工作为对象的教育评估。主要对学校的办学水平和条件、领导班子、师资队伍，教学工作、思想政治教育工作、体卫工作、总务工作，以及教师教学、班导师工作和团委等工作作出评价。

3.微观教育评估

它是以学生发展为评估对象的，如对学生的知识质量，德智体美劳等综合素质水平，以及创新、实践能力等方面的评价。

（二）按评估功能分类

1.诊断性评估

诊断性评估指在学校的某项工作开始之前，为使其计划更有效地实施而进行的预测性、测定性评价，或对评估对象的基础、条件作出鉴定。例如，对学校的教学工作是否具备应具有的基础和条件作出判断，为有针对性地实施教学工作提供指导的评估。

2.形成性评估

这种评估是在某一教育活动过程中，通过评价活动本身的效果，用以调节其过程，保证实现预期目标而进行的评估。这一评估便于及时获得反馈信息，及时调节控制，缩小活动过程与目标之间的差距。通过评估，研究其过程，总结经验教训，及时改进该教育过程。

3.总结性评估

该项评估是判断学校教学质量和水平的评估，是在某项工作告一段落时，对最终成果作出的价值判断。它以预先设定的教育目标为基准，对评估对象达到目标的程度，即最终取得的成绩进行评价。该评估简便、客观，易于执行。但因为是总结性评估，均为事后检查，不利于评估对象自身的改进和完善；且只看最终结果，不问过程，容易出现虚假现象。另外，总结性评估的客观标准是预先设定的目标，如果目标不能够实事求是或结果难以检测，就会直接影响到总结性评估的可靠性。

4.外在评估

外在评估是对一项教育活动的规则、实施过程和结果的整体评估，其目的是分析、研究已完成的教育活动的全过程，总结成功的经验和找到失误的原因，为以后设计、规划教育活动提供有效的信息。这种评估的特点是评估对象所包含的内容较多，对评估结果的处理也较为复杂。它既不同于形成性评估，又异于诊断性评估和总结性评估，而是分析、研究评估结果为教育决策服务。

（三）按评估目的分类

1.合格评估

合格评估是国家对新建普通高等学校的基本办学条件和基本教育质量的一种认可制度，由教育部组织实施，在新建普通高等学校被批准建立之后有第一届毕业生时进行。

2.办学水平评估

办学水平评估是对已经鉴定合格的普通高等学校进行的经常性评估，它分为整个学校办学水平的综合性评估和学校中思想政治教育、专业（学科）、课程及其他教育工作的单项评估。

3.本科教学优秀评估

它是在普通高等学校中进行的评比选拔活动，其目的是在办学水平评估的基础上，遴选优秀，择优支持，促进竞争，提高水平。

（四）按评估的方法分类

1.定量评估

它是将搜集的数据资料，用一定的数学模型或数学方法，做出定量结论的评价，如运用教育测量与统计的方法、模糊数学的方法等，用数字来描述评估对象。

2.定性评估

对于不便量化的评估对象采用定性分析的方法来作出价值判断。像常用的调查法、系统分析法、逻辑分析法、观察法和哲学分析法等，来处理我们搜集到的教育评估信息，作出判断，进行定性描述。

（五）按评估对象的复杂程度分类

1.单项评估

评估对象是教育系统中的某个基本元素，如学生教育质量、学校政治思想教育工作、教学工作和体育工作等。

2.综合评估

它的评估对象是普通高等学校系统，或某个地区的高等教育系统，是该系统中的综合体。

六、高等教育评估的理论基础和政策依据

高等教育评估作为高等教育管理的一个重要方面，应该有客观的符合高等教育规律的科学依据，包括理论基础和政策依据。

（一）高等教育评估的理论基础

高等教育评估是一项复杂的社会活动，要使这项活动具有正确的方向和科学的方法，要建立具有中国特色的高等教育评估制度，要有符合我国国情的评估实践作为源泉，并且要有相应学科的理论作基础。

从评估的对象看，高等教育学是高等教育评估的理论基础。高等教育是在高等学校这个特定的环境里培养专门人才的社会活动。作为一种社会活动，它与社会发展之间存

在着必然的结合。因此，它应反映社会的特点，适应社会的需要，受到政治、经济、文化和科技等条件的制约；同时，高等教育又通过它所培养的人才对社会起作用。正因如此，我国高等教育评估必须遵循"教育必须为社会主义建设服务，社会主义建设必须依靠教育"的方针，坚持教育的改革开放政策，体现"面向现代化、面向世界、面向未来"的战略思想。作为一种培养专门人才的活动，它与人的发展之间存在着必然联系，要满足人的身心发展的需要和规律。所以，高等教育评估要遵照马克思关于人的全面发展理论，全面贯彻党的教育方针，自觉地去实现高等学校的人才培养目标。高等教育作为一种教学活动，在教学过程中，必然存在着教师与学生相互依存、教书与育人相互统一、间接经验与直接经验相互结合和掌握知识与提高素质相互影响的客观规律。因此，依据这些基本规律来判断教学过程、教学方式、教学内容、教学方法和教学效果就成为高等教育评估的主要方面。

从评估的标准看，教育哲学、教育经济学和教育社会学是高等教育评估的理论基础。教育评估的实质是价值判断。因此建立价值判断的标准是高等教育评估的核心。高等教育评估中的教育价值标准和价值观均属于教育哲学的范畴，所以教育评估中的价值判断必然受教育哲学的指导。在教育评估的价值问题中，教育投入产出原理、教育效率和教育的社会效益问题属于教育经济和教育社会学的范畴，应该以教育经济学、教育社会学为其理论基础。

从评估的过程看，系统科学是高等教育评估的理论基础。高等教育评估是一个层次重叠、条目繁多的系统。系统理论包括控制论、信息论和系统论，由于它揭示了客观世界新的本质和运动规律，从而为现代科学技术的研究和发展提供了新的思路和方法。系统理论的整体思想、优化准则、动态原理和反馈原理等对高等教育评估工作起着重要的方法论的指导作用。

从评估的方法看，教育统计学和教育测量学是高等教育评估量化方法的理论基础。教育评估是对所设计的评估内容根据一定的评估标准进行测量，并对测量的结果进行统计分析作出价值判断的过程。教育统计与测量就理所当然地成为教育评估的重要手段之一。

近几十年来，教育测量学的理论发展很快，它对高等教育评估理论的发展和在高等教育评估工作中的作用越来越大。

至于量表理论、测量技术、统计分析、误差理论和检验理论等在高等教育评估中已被广泛使用。

（二）高等教育评估的政策与法规依据

政策的功能是按照政策的制定者的意志调节人们的思想和行为以及社会活动。在进行高等教育评估时，必须以党和政府制定的政策为依据，充分体现党和政府对高等教育的指导方针。

以经济建设为中心，坚持四项基本原则，坚持改革开放，是办好高等教育和评估高等教育的出发点。《中华人民共和国教育法》规定了我国各级各类学校要认真贯彻的教育方针。它指明了我国高等教育办学的方向，反映了全面发展的人才观，明确了高等教育的培养目标应该成为评估高等教育方向的依据。

为了保证社会主义大学的基本质量，国家还制定了一系列有关教育的政策、条例和规定，包括：在人才培养方面的专业目录、培养目标、人才规格和思想品德考核标准等；在师资队伍方面的人员编制、结构比例和任职条件等；在办学条件方面的图书资料、实验设备和经费开支的规定；等等。

第二节　高等教育评估指标体系设计

高等教育评估的核心是建立评价的指标体系。高等教育评估方案是在教育评价活动中，为实现一定的评价目的，对评价依据的标准、方法、途径、实施程序等所作的设计和安排。教育评估指标体系的设计对教育评估活动具有重要的意义。评估指标体系的设计质量，不仅关系到评估能否顺利实施，能否合理利用人力和物力资源，而且直接决定评估的成败。

一、高等教育评估指标体系设计的基本内容

由于高等教育评估指标体系涉及的内容是多方面的，在进行设计时，应根据要求作出具体的安排和筹划，以便使指标体系科学可行，使评价更富成效。

（一）明确评估的目的，确定评估对象

设计评估指标体系，首要的问题是弄清实施的评估目的。例如，究竟是合格评估（鉴定）、办学水平评估、本科教学优秀评估，还是其他性质的评估。不同的评估目的，使用者的不同意图，需要有不同的指标体系来实现。如果是本科教学优秀评估，在设计评估指标体系时就要注意拉开档次，选取相对评价的方法，从收集信息到处理信息以及结果的解释等作出相应的安排。倘若是合格评估，评估指标体系则需为完成此目的而在方法的选取、信息收集等方面作出合理的筹划。因此，评估的目的直接影响评估指标体系的整体设计，是评估指标体系的灵魂。在设计指标体系的最初，就要把它作为重要内容。要使指标体系的设计者在思想上更加明确，同时也为评估的操作者提供明确的方向。

确定评估对象，也是设计评估指标体系的前期工作中所必须明确的重要问题。针对不同的评估对象，要求制定不同的评估标准，选用不同的评估方式和方法。例如，对教师、学生等人员的评价与对本科教学、课程体系、德育工作等的评价相比，不仅在标准、要求上截然不同，在方式方法上也有较大的差别。对人的评估主要是评价他们的素质及工作、学习的情况和绩效。当然，对于不同的人，评估指标系统在设计上也有明显不同。在评估过程中一旦确定了指标体系，就基本上决定了评估行为的性质和内涵。

（二）确定评估标准，选取合理的评估尺度

进行教育评估要有一定的标准和尺度。缺乏标准，评估无法开展；标准含混不清，评估将矛盾百出；标准不合理，评估谈不上有效。评估标准是评估活动得以开展的逻辑前提，确立评估的标准和尺度是指标体系设计中的核心问题。教育评估的标准是在教育实践中产生的，它集中地反映在我国的教育方针中。评估标准必须着眼于社会的共同需要，着眼于我国的社会主义教育制度。

（三）确定搜集信息的内容和途径

在高等教育评估中，评估信息主要是指与评估活动有关，服从于评估目的的资料、信号、表现、反映等。没有评估信息，评估标准仅是一纸空文。而评估信息也只有在评估标准的规范下，才是有序和有用的。它们之间是内容和形式的关系。

获取评估信息，主要是指搜集来自评估客体，或者更准确地说是价值关系中价值客体的信息。搜集价值客体的信息必然与评估目的和评估标准相关联，并以此为基础，进行加工和理解，使之成为有用的信息。无论是指标体系设计，还是实际评估活动，搜集评估信息一定要明确评估目的，把握评估标准。例如，我们评价学校的办学条件，就应在学校的投入、设施、师资和生源等方面搜集信息。

对整个教育评估活动来说，来自价值主体的信息也是不可忽视的。高等教育评估是一种社会评估。在社会评估中，评估主体和价值主体是分离的。教育评估的价值主体是我们的国家、民族，从事教育评估就应该判断高等教育对我们的国家和民族的价值。搜集价值主体的信息，主要是把握国家对教育的要求。在特定的教育评估中，必须弄清国家对评估对象的具体要求，以及评估对象所在地域和单位的具体规定和需要。同时还应了解它们在办教育方面的能力，包括人力、物力以及财力等方面的情况。获取信息所选用的方法和调查所采用的方式，在进行指标体系设计时也应先作安排，使准备更为充分。在教育评估过程中搜集信息的方法主要有测验法、观察法、问卷法、访谈法和查阅资料等。在调查中有全面调查和抽样调查之分。而抽样调查又有不同的方法，需要视不同对象、不同情况加以适当选用。

（四）选用科学合理的方式方法

在确立了评估标准，取得了所需要的评估信息之后，必须借助一定的方法才能作出价值判断。评估方法对整个评估活动来说，具有关键性的作用。就教育评估的全过程而言，自始至终都离不开具体方法。评估标准的确定、指标体系的建立、权重的确定、信息的搜集和加工与处理等，都必须借助一定的方法来实现。要在指标体系设计中，视具体情况和要求进行认真分析和选择，安排适当的方法来解决评估中的各项任务。

教育评估各个环节中的各种方法都是为实现评估目的服务的，在不同的阶段和不同的条件下发挥着各自的作用。指标体系设计中方法的选取是非常重要的环节。例如，在评估信息的加工中，有相对评估方法、绝对评估方法和个体内差异评估方法等。而每一类方法又包括多种具体的方法。在选定了方法之后，还应为方法的使用进行必要的安排，为方法的顺利实施创造有利条件。

对评估中使用的工具也应提前作出计划。评估工具是指搜集、处理评估信息时的工具，主要包括考试的试卷和评分标准，各种问卷，测量量表，各种仪器设备等。

在进行指标体系设计时，还应拟定评估工作的计划，对评估全过程中的各环节做好安排，包括所需时间、各项工作的组织实施及要求等。

二、高等教育评估指标体系设计的原则

（一）高等教育评估必须为高等学校的教育目的服务

我国高等教育评估必须为培养德智体美劳全面发展的社会主义建设者和接班人服务。这个教育目的是我国一切高等学校教育活动，包括教育评估活动的出发点和归宿。它不但指导着高等学校教育过程的方向，反映社会生产力和科技发展水平的时代特征，而且为教育过程提供标准，促进教育过程的科学性，把握教育过程中的调控，因而也必然指导着高等教育评估的方向。在评估中如果忽视为高等教育目的服务这个原则，评估就会产生偏差。例如，在办学评估中片面重视科研成果，重视学校办学效益，而对教育质量和教学过程不作重要评估，就会在很大程度上影响学校的人才培养质量。在办学水平评估中亦不能一味追求传统的教育模式,忽视新时代人才培养模式应该具有的新的特征，也会导致学校培养的人才不能适应社会发展的需要。

（二）高等教育评估是一项系统工程，评估指标体系具有完备性

被评对象是一个由教学、科研、教师、学生等多种要素组成的整体。教育活动和教育评估的系统内各要素之间都是有机联系着的，相互作用、相互依存。教育活动和教育评估中各组成的要素都有自身的功能并保持着有机的秩序，共同向同一个目的行动。在研究教育活动和教育评估时，社会环境往往起着重要作用。

将高等教育评估视为一项系统过程,意味着要综合考虑多方面要素才能制订好评估方案，既要考虑影响活动的诸多要素，又要考虑评估自身的诸多要素以及进行评估所需的人力、物力、财力、时间等多种约束。因此，评估指标体系的设计应具有完备性原则。

完备性原则是指评估方案的指标体系要全面反映整体要求，对于重要指标不能遗漏，不能偏废。指标体系的完备性原则并不排除对于一些反映枝节问题的指标的删减，以保证指标体系的简化，重点突出。

（三）高等教育评估指标体系应具有科学性、可测性和可行性

1.科学性原则

科学性原则有三层含义：一是评估指标体系与教育目标的一致性；二是评估指标体系内各评估指标间的相容性；三是评估指标体系中的各评估指标应相对独立。

2.可测性原则

可测性原则是指作为教育目标的具体规定，应尽量运用行为化、操作化的语言进行界定和说明，从而能够直接测量和评定。

3.可行性原则

可行性原则也包含三层意思：一是在制定评估指标体系时必须考虑人力、物力、财力、时间以及评价技术手段等多种条件的制约，在具备这些条件下进行的评估才是可行的；二是在评估指标体系里不能只是抽象的条文和概念化的意见，而要有能够实施的规定和可以操作的做法；三是评估的指导思想和评估所依据的教育目标要切合实际，评估的标准要简明可测，评估的量化方法要方便易行，评估的结论要实事求是。

三、高等教育评估指标体系中的概念

（一）指标与目标

1.指标

指标是目标一个方面的规定，它是具体、可测量、行为化和操作化的目标。所谓目标一个方面的规定，就是说任一指标都不反映全部的目标，它只反映目标的一个方面。只有系统化的、具有紧密联系的一群指标，即指标体系，才能反映全部的目标，反映目标整体。

2.指标与目标的比较

与目标相比，指标往往具有更强的指挥定向作用。可见，指标并不至消极地被目标

所规定，同时它也积极地规定着目标能否成为实际意义上的目标。

（二）指标体系的结构

指标体系的结构从形式上分类，可分为一级指标和多级指标结构。从内容上分类，指标体系的结构可分为目标指标、过程指标和条件指标结构。

1.目标指标

目标指标是反映评估对象水平与质量本质特征的指标，主要指成绩、成果和效益的数量与质量，如毕业生的质量评估指标等。这类指标是评估指标体系的重要组成部分。

2.过程指标

过程指标是评估教育过程的指标。例如，教育计划的实施与管理，学生的德智体美劳全面发展状况等，都属于这类指标。它们应作为主要指标列入评估指标体系。

3.条件指标

条件指标是评估完成教育活动所需要的基础条件的指标，主要指基本的办学条件，如图书馆人均藏书量等属于这类指标。条件指标可作为一般指标列入评估指标体系。

在实际评估工作中，我们既要重视目标指标，又要考虑过程指标和条件指标，这样才是公正科学的评估。对于这三类评估指标应分清主次。一般目标指标是最重要的，在指标体系中，占的比重应最大，其次是过程指标，最后才是条件指标。

四、高等教育评估指标体系设计方法

评估指标体系的设计有较强的政策性和技术性。需要按照一定的程序，采用科学的方法进行技术处理，才能使指标内容、体系达到较为理想的要求。高等教育评估指标体系设计方法，大体可分为以下几个方面：

（一）分解目标

这是建立指标体系最基本的方法。首先要研究目标的结构，分析构成目标的要素，在此基础上设计各项指标。分析时既要注意显现的因素，又要注重潜在的因素，以保证指标体系的完备性。其次是划分层次，逐层研究。目标经过一次分解，有时仍较为笼统、抽象，可测性差，需再行分解，直至满意为止。最后定出末级指标的评估标准，并确定好各指标权重，形成有机的统一体，从而得出指标体系。

例如，评估学生质量是通过分析总体培养目标的结构，确定评估学生德智体美劳等方面作为一级指标；然后分解上述指标，得到二级指标；为了使目标更加明确具体，可将二级指标再行分解；依次类推，最后参照国家的有关规定、教学大纲以及本校的实际，对末级指标制定具体评估标准。

又如，评估重点高等学校办学水平是通过本科生培养、研究生培养、科学研究、学校管理等四项一级指标建立指标体系的。而上述指标明显不具有可测性，可继续分解为二级指标。可以将本科生培养以"教学工作水平"与"学生质量"两种过程评估和成果评估的形式建立二级指标。教学工作水平又可以"教学计划与管理""教学工作与改革""思想政治工作与思想政治教育"等继续分解为三级指标，直至形成可测的指标。由此可见，一级指标中的任何一个指标都不能代表高等学校的办学水平，同样二级评估指标中的过程性评估指标或是成果性评估指标也都不能单独代表本科生培养水平。但是高等学校办学水平的高低受到上述各个要素的影响，离不开上述各个要素的共同作用。因而，人们可以用这些要素的全体来对评估对象作出判断。

（二）归类合并

通过分解目标，得到了大量的末级指标。若就此组成指标体系，则有可能出现各指标之间内涵相同的重复现象，也可能相互矛盾，故应进一步加工整理。主要从三个方面着手：一是将重复条目删减归并，对指标体系简化提炼；二是对不协调的各指标，依照总体目标加以修订改进，统一要求；三是从实际出发分析指标的可行程度，决定取舍，完善指标体系。因此，必须对已有的指标进行归类和筛选，以达到"少而精"的要求。经过这一程序，指标项目可以得到精简，指标质量可以提高。这不仅便于施评，也能保证评估的有效性，这是设计指标体系的一项十分重要的工作。筛选指标，目前大多采用经验法、调查统计法和主成分分析法等。

（三）理论论证

经过以上方法筛选所得的指标，是否符合评估要求，还须从有关学科的科学意义上进行理论论证。论证的主要依据是教育科学、心理学和系统科学。论证时在明确指标内涵的基础上，针对教育目标、评估目标、管理目标和被评估对象的实际情况逐一进行论证，以求得高质量的指标体系。从整体上讲，指标体系要求层次清楚而不零乱，结构严谨而不松散。对每一条指标，要求内涵明确而不含糊，表述简洁而不累赘。

（四）专家评判

专家评判是指标设计从设计者手中走向管理实践的重要步骤。专家通常包括评估理论研究者、上级领导和富有经验的教育行政干部、教师等。专家评判可以采用个别访问、座谈讨论、问卷征询、现场调查等方式。应根据不同情况，选择或结合使用。

（五）预试修订

指标体系经过筛选、修订，初步确定以后，可以同评定标准相匹配，选定在小范围实验，看是否可行。试验后对指标体系再作修改，使指标结构更为合理，然后投入使用。

五、确定指标体系权重的方法

权重指表示各指标重要程度的权系数。它是相应的指标对达到目标影响程度的尺度，权重的集合就是权集。权集在本质上和指标群一样，都是人们价值认识的凝聚物。指标群表明哪些因素有价值，而权集则规定这些价值有多大。它们将那些分散的、但又紧密联系的指标汇集到一起，因而权重是指标体系中又一个重要组成部分。确定权重的方法很多，常见的有：

（一）专家评定法

这种方法是对已拟出的指标体系征询专家的意见，经统计后取平均值加以确定，这是目前广泛采用的一种方法。这种方法简便，省时省力。但最大的缺点是基本凭专家的经验，主观随意性较大，影响权集的精确性。当然如果专家的意见相对集中，精确性仍可能得到保证。

（二）德尔菲咨询法

这种方法是把指标体系咨询表反复分发给专家，将专家的意见集中、返回、再集中，最后取得确定权重较为一致的意见。在分发第一轮专家咨询表时，要明确很重要、重要、一般和不重要等不同等级，请专家在对指标间相互比较中加以判断。为了将重要性等级转变为权重，应预先赋予这些等级不同的数值。例如，很重要为"5"，重要为"4"，一般为"3"，不重要为"0"。分发第二轮专家咨询表时除第一轮咨询情况反馈给专家外，还要请专家对各处偏差较大的指标作出新的判断。经过这样几次反复，最后得出较为一致的意见。这种方法比较科学，尽可能地减少了主观随意性，是目前确定权重的又一重要方法。

此外，还有比较平均法、层次分析法等。

第三节 高等教育评估的过程

教育评估是技术性很强的工作，能否科学地组织评估，对评估的质量与结果的可靠性和有效性有着重要的影响。评估过程大体可分为准备、实施、结果处理和结果反馈四个环节。

一、教育评估的准备

准备环节是评估具体实施前的预备环节。准备环节对于一个科学评估过程来说是必不可少的。准备的质量将直接影响评估的质量。准备环节一般包括组织准备与方案准备两方面的内容。

（一）组织准备

组织准备包括成立专门的评估委员会，设置一定形式的评估办事机构，聘请有关专家组成专家组和动员教师参加评估活动等。在不同类型的评估活动中，相应的组织形式和组织方法不相同。这种组织形式和组织方法要与政府设立的评估机制相适应，并且还要注意考虑对评估者的基本素质要求等内容。

（二）方案准备

一次特定的评估，其主要目的是对教育活动作出鉴定，衡量其是否达到了应有的标准；或是找出教育活动存在的问题，根据评估所获得的信息，及时改进教育工作，调节教育计划；或是对教育活动的全过程进行评估，即对实施活动的条件、过程和结果进行评估，为教育决策提供信息。显然，由不同目的决定的评估，在组织、内容及方法上都不相同。对被评对象作全面的评估，还是作某一方面的评估，是评估的重要内容。在影响学校教育质量、办学水平的诸因素中，有些因素是至关重要的，不对这些因素作出评估，则评估就会失去实际意义；有些因素是次要的，忽略了它们，对评估的结果不会有很大的影响。因而，一次特定的评估应该主要抓住哪些方面，这是准备环节必须解决的问题。

1.明确评估目的和评估所依据的目标

一个特定的评估活动所要达到的目的，对评估方案的准备、实施到评估结果的处理等环节都有影响。因此，评估的准备必须从明确评估的目的开始。例如，以本科教学评优为目的的评估和以本科教学合格标准为目的的评估，在评估的方法和标准上是极不相同的。前者用的是相对评估法，即通过被评对象相互比较而得出评估结论的；而后者一般用绝对评估法，它是用规定的标准去衡量和判断学校是否达到了应有的水平。因此，为了顺利地开展评估工作，我们首先必须明确评估目的。教育评估所依据的目标与评估的目的并不是一回事。

2.设计评估标准

要对教育进行评估，就要有一个标准。这个标准是开展评估工作的基础，也是评估工作是否可信和有效的关键。评估的最终目的是促进教育改革，提高高等教育质量。

因此，在制定评估标准时，无论以什么作为依据，评估标准一定要促进评估最终目的的实现。

3.选择搜集和处理评估信息的方法

在第二节里我们谈到了搜集信息的方法，例如测验法、问卷法和观察法等。这些方法各有各的特点，应用范围和处理对象都有不同之处。因此，准备环节应该精心选择好搜集和处理评估信息的方法，或者是把一些方法综合起来运用，扬长避短，提高评估质量。

4.设计表格和文件

这是上述各项工作的延伸。主要工作是根据评估标准规定的要求设计相应的表格。这些表格主要有被评对象的申报表、各类数据表等。在采用实地会议评审的场合有时还需要准备被评单位的汇报提纲。它的主要作用是规定被评对象按要求提供评估所需的资料与信息，专家评审、评议表等，为专家的评分提供方便。在教育评估实际工作中，制订评估方案要根据实际情况，选择上述内容或补充若干内容，使评估工作顺利完成。

二、教育评估的实施

运用搜集评估信息的方法，系统、全面、准确地搜集评估信息，在具体实施过程中，要注意以下几个方面：

（一）宣传动员

广泛而深入地宣传动员，是实施环节中带有战略性意义的工作。它不仅为全面地检查问题，提供信息和条件，而且为以后根据评估结果分析原因，改进工作奠定了基础。动员各种力量参加评估活动切忌一哄而上，要讲究细致深入。宣传动员主要向评估者和被评估对象讲清评估的目的和意义，充分调动这两方面的积极性。常用的方法有：在评估活动开展的过程中，利用校刊、校报和专门的通报进行宣传；也可以开展各种有益的专题活动、文艺活动，借用幻灯片、大型标语等；在有条件的学校里，还可以利用地方广告栏目、广播、电视和网络等，效果将会更好。

（二）预评估

它通常是被评对象的自我评估。

自我评估作为教育评估的组成部分，有利于全面地搜集信息，准确地形成判断。能否对教育的价值形成准确的判断，在很大程度上依赖于我们能否全面地搜集关于被评对象的信息。即使在实地进行调查的时候，由于评估专家受时间、地点的限制，要想全面地掌握被评对象的情况是很困难的。由于心理上和利益上的原因，一些被评学校对于工作中的失误与教训，往往不愿全面地向校外的专家提供。在自我评估的情况下，因不存在时间和空间上的限制，结果就可能大不一样；在揭露自己工作中的教训时，心理上的障碍也易于消除。因此，在评估实施的过程中，自我评估中搜集信息的数量和质量可能更全面。

进行自我评估，有利于大大减轻组织者的工作负担。尤其在本科教学优秀评估中，自我预评估的过程也是自我把关的过程。一些明显不符合条件的学校通过预评估就不再申报了，这使组织者的工作量得到大大减轻。

开展自我评估，有利于评估活动真正发挥促进改革、推动工作的作用。教育评估具有诊断问题，促进学校各项工作提高的作用。但是，这些作用能否得到真正的发挥，归根到底，还得看学校自身的积极性是否能得到充分调动。发挥学校内部各方面的力量，自己去寻找问题，对今后由他们自己去解决这些问题十分有利。因此，为了充分地发挥评估的作用，有必要把预评估作为评估过程的重要阶段和整个工作的基础。

（三）复评估

这是在自我评估基础上进行的外部评估。

复评估有助于提高评估的可靠性。在各个学校的自我评估检查活动中，由于各种原因，"报喜不报忧"的现象是经常可能出现的，有的可能是夸大自己的成绩，有的可能是掩饰自己的不足之处。在评估活动中出现这种虚假信息，这会干扰管理部门形成正确的决策，也不利于被评对象自己改进工作。复评估是对这种信息的再鉴定，是克服这种错误倾向的重要途径。由校外专家对被评学校进行复评估，有利于在各校之间进行横向比较，易于发现被学校和专业自身忽视的经验与问题，从而提高评估的可靠性。

复评估有助于提高评估结论的权威性。复评估是评估活动的一个重要阶段，它是专家组的评价。复评估的实施需要被评对象密切配合，尤其在实地评审中，被评单位需要尽可能实事求是、全面地提供各类材料，使专家能作出正确的结论。在这一阶段，组织者要注意加强监督，以防止出现弄虚作假的行为等。

三、教育评估结果的处理

这个环节主要是运用处理评估信息的方法，对评估信息进行处理，推断结论、提出建议。

（一）形成综合判断

形成综合判断就是从总体上对被评对象作出一个关于其工作的定量的或定性的综合意见。在必要的时候，对被评对象作出优良程度的区分或对被评对象作出关于其办学水平是否达到应有的标准的结论。

（二）分析诊断问题

综合判断的形成并不意味着评估工作的结束。为了充分说明综合判断，有效地推动被评对象改进工作，还需要对有关资料进行细致的分析，对工作的长短得失进行系统的评论，帮助被评对象找出存在的问题以及问题的症结所在。

四、教育评估结果的反馈

必须把评估结果及时反馈给决策者和被评估者，促使他们作出正确决策或改进工作，提高工作效率。要认真完成评估报告，迅速、准确地反馈。

（一）评估报告

所谓评估报告，就是在教育评估工作完成以后，为了便于反馈评估信息和结论，而对评估过程、结论进行全面叙述和提出相关建议的报告。

1.评估报告的作用

首先，能尽早发现评估工作中存在的问题。在完成评估报告时，我们要对整个评估工作进行回顾，即对评估方案的设计、评估工作的实施和评估结果的处理等进行全面分析。如果评估工作存在问题，评估报告就能使我们尽早发现，及时纠正。

其次，为今后的评估工作提供宝贵的资料。教育评估报告完成以后一方面能向有关方面反馈，另一方面能作为资料保存。

最后，能为实践检验评估标准和评估结果作保证，实践是最高的评估标准，即一切评估标准和评估结果都要经过实践的检验，只有那些被实践证实是科学和可行的评估标准，我们才能采用。但在最初的评估工作中，评估标准没有经过实践检验。教育评估结果也需要实践检验。把每次评估结果保存下来，接受实践检验。长此以往，就能看出规律性的东西，评估结果的可靠性和有效性也就能得到提高。

2.评估报告的主要内容

由于教育评估工作的内容不同，评估报告的内容也有所不同。评估报告的框架包括封面和正文两大部分。

封面提供下列信息：①评估方案的名称；②评估目的；③评估者姓名；④评估报告接受者的姓名；⑤评估方案实施和完成的时间；⑥呈送报告的日期。

正文提供下列信息：①概要。对评估报告简要综述，解释为什么要进行评估，并且可列举主要结论和建议。②评估方案的背景信息。主要描述评估方案是如何产生的，重点叙述评估标准的编制过程及其理论依据。③评估方案实施过程的描述。主要叙述评估过程，即搜集信息和处理信息的过程等。④结果及结果分析。介绍各种搜集到的、与评估有关的信息，包括数据和记录的事件、证据等，以及处理这些信息所得到的结果。⑤结论与建议。对处理评估信息所得到的结果进行推断，得出结论，提出建议。

（二）评估的再评估

再评估有两个内容：一是反馈前的评估；二是反馈后的评估。

在作出教育决策之后，教育评估开始进入下一周期。因为作出决策本身将导致新的教育过程，即意味着新的教育活动的开始。所以，教育评估是一个循环的、周而复始的过程。在新的周期开始之前，前一次的评估过程和结果能为后一次的评估活动提供有效的信息。而对后一次的教育活动进行评估能检验前一次的评估质量。再评估的目的主要是检验评估的质量，为及时纠正误评或为后一次的评估活动提供有效信息服务。反馈前的评估结果及时反馈给准备环节、实施环节和结果处理环节，可以纠正错误或不足，提高信息的信度和效度。

第八章　高等教育管理的
价值冲突与价值实现

第一节　高等教育管理的价值冲突

高等教育管理价值冲突解决得好，就可以以最小的管理成本获得最佳的管理效益；反之，就可能会出现成本浪费，得不偿失，甚至有失无得。所以，高等教育管理价值冲突的有效、有益解决就成了高等教育管理研究的至关重要的问题和极其重要的目的。

一、高等教育管理的价值

（一）高等教育管理的价值内涵

高等教育管理的价值在广义上可以指高等教育管理对于人的一切意义，这种意义包括高等教育管理的一切有用性。它是在人与高等教育管理活动的关系中体现出来的积极意义或有用性，只有在高等教育管理符合或能够满足人们的需要，在人与高等教育管理之间形成价值关系时，高等教育管理才有价值（有用性）可言。"价值"这个词语，广义上既包括高等教育管理的目的性价值，又包括高等教育管理的工具性价值。前者如高等教育管理对自由、平等、公平、正义、人性、人的全面自由发展的意义；后者如高等教育管理在效率、民主、法治、秩序等方面的功能。但我们不能将高等教育管理的功能列入高等教育管理的价值。过分庞大的高等教育管理的价值内容并不利于我们对高等教育管理的价值进行具体而深入的研究。因此，对高等教育管理价值的内容范围还是做适度限制为好。

高等教育管理的价值以"高等教育管理与人的关系"为基础。人是高等教育管理价值的主体,高等教育管理的价值是人的制造物。人与高等教育管理的关系抽象地说就是哲学上的主客体关系,具体地说即高等教育管理的价值关系。高等教育管理的价值是在高等教育管理的价值关系中产生、存在,并体现出来的。没有价值关系,高等教育管理的价值就没有产生和存在的社会基础。作为价值客体的高等教育管理可以称为高等教育管理现象。高等教育管理的价值客体首先是指高等教育管理的体系、制度以及规范;其次是指以社会状态存在的高等教育管理,包括高等教育管理的运行过程及现象;最后是指以观念形态存在的高等教育管理。

高等教育管理的价值是高等教育管理所有属性的表现。如果高等教育管理根本就不具有可以实现自由、民主、平等和促进人的全面发展等价值的属性基础,高等教育管理就不可能具有相应的价值。不能单纯地认为高等教育管理的价值是高等教育管理的一种内在属性,这是一种将高等教育管理的价值等同于高等教育管理的属性的观点。因为高等教育管理的价值取决于高等教育管理的属性,但并不等于高等教育管理的属性。高等教育管理的价值是以高等教育管理的属性为基础的。

(二)高等教育管理的最高价值准则

高等教育管理的最高价值准则是高等教育管理的终极追求。多数学者都认为高等教育管理的最高价值准则是公正或者正义。其实,高等教育管理的最高价值准则应当是人的全面发展。人的全面发展是人和社会发展的终极目标,高等教育管理是社会产物,它必然且必须服务于人的全面发展。人类一直在为谋求其全面发展而不懈努力。

(三)高等教育管理价值的存在形式

高等教育管理价值的存在形式是非常多样的。对于多种形式的探究,是深化对高等教育管理价值的认识的重要视角,在此仅就主要的存在方式作一个简要的描述。

1.明示和暗含的存在形式

高等教育管理的价值可能是明示的。所谓明示的存在,即以高等教育管理的法规、政策、制度、规定等明确记述的方式存在。高等教育管理的价值的许多内容都可能是以明示的形式存在的。高等教育管理的价值也可以以暗含的方式存在于高等教育管理的法规、政策、制度、规定之中。

2.观念、理论和制度的存在形式

在有些哲学家看来，价值意识可以作为精神形态独立存在。德国现象学价值伦理学的创立者马克斯·舍勒（Max Scheler）认为，价值就如同颜色，是可以独立于其载体之外而存在的。舍勒所称的价值已上升至精神形态，是一种独立的价值意识。马克思的价值概念，同样也具有独立的意识形态上的意义。

价值关系意义上的精神产品，是指由人们创作并记载流传的、能满足价值主体需要的思维成果。精神产品虽然离不开承载物（如木石、纸张、胶片、磁盘等），但其价值客体的利益形态不在于实体物，而在于物之上所承载的意识形态（如思想政治理论、道德价值观念）、技术知识、信息符号、文艺作品和其他精神产品等的有用性。至于哪些精神成果可以作为价值客体或可以进行有效利用，政府的政策法规和社会伦理规范都有具体规定。例如，社会主义社会是禁止传播邪教、恶俗等麻醉人意志的不健康精神品的。

高等教育管理的价值可以以理论的形式存在，这种形式的高等教育管理的价值由特定的学问家所创设，并以理论形式予以记载。高等教育管理价值的理论形式是观念形式的升华，高等教育管理的价值还可以以制度的形式存在。制度的价值是在人（主体）与制度（客体）的关系中体现出来的制度的积极意义或有用性。以制度形式存在的高等教育管理的价值，既可能以原则形式存在，又可能以规范形式存在，但无论怎样，它们都有自己的价值依据和价值追求。

二、高等教育管理价值冲突的解读

对高等教育管理价值冲突的含义的探究是价值冲突研究的基本内容。高等教育管理的价值冲突是高等教育管理发展的结果，也是社会发展的结果。高等教育管理的价值冲突的发生本身就会在一定意义上推进社会发展和人类思维的进步。

（一）价值准则与观念本身固有的内在矛盾及其现实化

高等教育管理的价值冲突首先指的是价值准则和观念本身固有的内在矛盾及其现实化。价值准则是在人类生活中逐步固化与精炼形成的基本观念。人类活动的多目标性，既是人类进步的表现，又是人类社会发展的必然。多种目标就意味着多种价值选择与价值追求。这些选择与追求之间存在某种冲突是必然的。比如自由与秩序之间、自由与民主之间、公正与效率之间都会有内在的矛盾存在。这些矛盾一旦体现在社会的实际生活之中，它们就会成为社会现实的价值冲突。

（二）不同价值主体之间相互对立的情形

高等教育管理的价值冲突也表现为不同的价值主体在价值观念、认识选择等问题上的相互对立。这是由价值主体的意识性与多元性所决定的，只要价值主体是有意识的，不同的价值主体之间，甚至同一价值主体自身就会产生在价值上的矛盾情形。就不同主体来说，则表现为相互之间在价值问题上的相互矛盾；就同一主体来说，则表现为在相关问题上的迟疑不决、自相矛盾、彷徨痛苦、无所适从等。除了人的意识性会导致价值冲突，人的多元性同样是价值冲突的根源。由于人有意识存在，人又以多元的状态存在，个体与个体之间、群体与个体之间、群体与群体之间乃至人与社会之间都会产生价值上的矛盾情形，从而构成价值冲突。这些价值冲突如果是与高等教育管理相关或者是存在于高等教育管理的某个方面与环节，就形成了高等教育管理的价值冲突。高等教育管理的价值冲突如同其他价值冲突一样，可能是不同主体在观念上的分歧，也可能是在认识上的差异，还可能是在选择上的对立，甚至可能是同一主体在这几个方面的难以抉择。

（三）高等教育管理体系中的价值冲突

高等教育管理的价值冲突还大量地存在于不同高等教育管理体系之间。不同的高等教育管理体系会存在着某种价值冲突，这是难以避免的。市场经济下的高等教育管理体系的价值必然不同于计划经济下的高等教育管理体系的价值；民主法治的高等教育管理体系的价值必然不同于专制集权的高等教育管理体系的价值。如果这些高等教育管理体系不是并存的，就不会有冲突的问题。但是一旦不同性质的高等教育管理体系并存或相互作用、相互转换，高等教育管理体系的价值冲突就会表现出来。

另外，在同一高等教育管理体系中也会有价值冲突。因为一个高等教育管理体系所调整的都不是单一的价值目标，所以即使在同一高等教育管理体系之中也会有规则之间的价值冲突。高等教育管理体系中的规则等都蕴含和体现着一定的价值观念，遵循和追求着特定的价值目标。自身的表述乃至对高等教育事件的解决，也有着价值上的取舍，价值冲突当然存乎其间。

高等教育管理的价值冲突是必然的，但高等教育管理的价值冲突并不是人类不期而遇的麻烦，也不是人类无可奈何的烦恼。从某种程度上来说，其实高等教育管理的价值冲突具有积极的社会意义和实践意义。一方面，高等教育管理的价值冲突源于人的意识的多元性，价值冲突的出现是人类思想丰富的具体表现；另一方面，高等教育管理的价值冲突的解决是人类进步的阶梯，是人类进步的表现。

三、高等教育管理价值冲突的表现

（一）主体自身的价值观冲突和主体相互的价值冲突

从高等教育管理的价值观念来看，高等教育管理的价值冲突表现为主体自身的价值观冲突和主体相互的价值观冲突。主体多重属性的相互矛盾引起主体自身的高等教育管理的价值观冲突。在如此复杂的社会环境中，即使同一主体从同一角度出发，也可能会产生不同的高等教育管理的价值认识和价值追求。如果这些不同的高等教育管理的价值认识和价值追求不能得到很好的协调和统一，就会产生高等教育管理的价值观念冲突。主体一旦出现冲突，就可能会变得很彷徨。而对于管理者而言，坚持制度原则与追求公平正义之间就会产生冲突，这就是自身的冲突。高等教育管理的价值观冲突在一定程度上都是由时代的差异所导致的，因此也就存在着当今高等教育管理的价值观与历史高等教育管理的价值观的冲突，以及当今高等教育管理的价值观与将来的高等教育管理的价值观的冲突，其中前者是人们比较关注的冲突。

（二）真实冲突和虚拟冲突

从高等教育管理的价值冲突的性质来看，高等教育管理的价值冲突表现为真实的冲突和虚拟的冲突。

人们认识的高等教育管理的价值冲突或许是客观存在的，或许是主观臆造的。那种客观存在的，非因人们误解产生的高等教育管理的价值冲突，可以称为高等教育管理价值的真实冲突；那种非客观存在的，仅是人们主观误解而以为存在、实际上并不存在的高等教育管理的价值冲突，可以称为高等教育管理价值的虚拟冲突。简单地说，高等教育管理价值的真实冲突也就是实实在在客观存在的冲突；而高等教育管理价值的虚拟冲突则是人们的认识错误，是人们以为存在其实根本就不存在的冲突。事实上，许多高等教育管理的价值冲突都是因人们认识错误而出现的虚拟冲突。

四、高等教育管理价值冲突的解决

对于价值冲突,我们应该从一切为了人的全面而自由发展的最高也是最终的价值标准出发进行协调,这样价值冲突就会得到一个合理的解决。

(一)不能机械地坚持以某一价值为中心

价值冲突的解决总是将具体的价值状况作为现实基础,机械地坚持以某种固定的价值为中心,难免会误入歧途。因为可能在甲环境中,坚持以自由为中心是正确的,但在乙环境中也许只有坚持以民主为中心才是正确的。比如市场经济方面的法律是以自由为中心的,而社会保障方面的法律是以民主为中心的。面对价值中心的相对条件性,价值中心论就会受到严重的挑战,甚至被否定。人类的伦理实践表明,许多伦理原则(如平等、民主、和平以及一系列人权原则等)从来都不是无条件被执行的。

(二)构建完整的社会化监督系统

如果政府退出对学校的直接管理,如果校长负责制的监督体系失去保障,高等教育系统就会出现失控的危机。因此,政府教育管理职能的转变绝不是简单的放权问题,在改革高等教育管理体制的同时,要发挥学生和学生家长、社会民众等在高校管理中的监督作用,建立起政府统筹,社会参与,主动服务,教育、社会"一体化"的新的监督体制。监督内容包括高校内部资源配置是否合理,高校组织机构设置是否科学精简,政府干预高校管理的行为是否适宜得当等。

(三)遵从高等教育管理的基本价值

高等教育管理价值中除基本价值之外的其他价值都必须遵从高等教育管理的基本价值,其他价值必须服从基本价值。高等教育管理的基本价值是一个有机联系的整体:秩序是人类生存的基本条件,民主是人类生存和发展的必需,自由是人类的基本权利,发展才是人类追求的最终指向。它们是一个整体,都共同服务于最终目标——

促进人的全面发展。对于高等教育管理的基本价值，不同的人会有不同的看法。但无论人们如何认识基本价值的基本内容，在衡量高等教育管理制度时，高等教育管理的基本价值总是最基本的评价准则。凡是违反高等教育管理的基本价值的制度都是"恶制度"，至少都不是"良制度"。

第二节　高等教育管理的价值实现

一、高等教育管理价值实现的解读

所谓高等教育管理的价值实现是指高等教育管理价值目标的现实化过程与结果的总称，是高等教育管理价值活动的目的得以现实化的过程与结果。高等教育管理的价值实现也是高等教育管理的价值主体作用于高等教育管理的价值客体，而使客体的高等教育管理的潜在价值、内在价值转化为高等教育管理的现实价值和外在价值，对主体"人"产生期望意义的过程。它是高等教育管理的价值客体主体化的过程，是高等教育管理在价值方面产生实际影响、效益的过程。高等教育管理的价值实现是一种复杂的社会实践和一项复杂的社会工程。

高等教育管理的价值实现首先是指高等教育管理的价值目标的现实化。高等教育管理的价值目标是非常丰富的，它包括效率、秩序、民主、生命、自由、平等、人权、正义、发展等，它们都是高等教育管理价值的方向与归宿。

高等教育管理的价值目标体现着人们关于高等教育管理的期望和理想。任何高等教育管理的价值目标都是人类在自己的社会实践中概括总结，并经过一代又一代人不断精炼、不断追求而固化出来的。高等教育管理价值目标的现实化，也就是人类期望和理想的现实化。

二、高等教育管理价值实现的研究意义

（一）有利于升华人们的高等教育管理实践

如果高等教育管理的价值实现被忽视，那么说明人们对高等教育管理价值的研究是不够具体、不够彻底的。人们对深层次的高等教育管理价值有深刻的认识，就会促进人类的高等教育管理实践；反之，则会阻碍人类的高等教育管理实践。人类的高等教育管理实践体现了人类一系列的价值追求。较低层次而且最基本的高等教育管理价值包括生存、安全、秩序、知识等，高一层次的高等教育管理价值包括民主、效率、法治、自由、平等、人权、公正、发展等。如果忽视了高等教育管理的价值研究，人们就难以认识高等教育管理深层的价值追求，就无法使高等教育管理文化达到理想的境界。人们包括高等教育管理者、学生以及社会利益相关者等群体的关于高等教育的精神活动与理性思考就都被掩藏在了高等教育与高等教育管理的表象背后。对于高等教育管理的价值是否实现，人们就没有一个相对清晰的认识。对高等教育管理价值实现展开研究，就可以在一定程度上提升人们对高等教育管理实践的理性认识。所以，高等教育管理价值实现的研究，有助于升华人们的高等教育管理实践。

（二）有利于提高高等教育管理和高等教育管理学的理性水平

在高等教育管理实践中，是否贯彻了高等教育管理制度所蕴含的价值，已经成为一个重要问题。高等教育管理是人类理性发展的活动，高等教育管理学是人类理性发展的结晶，是人类重要的精神成就。但是在很多场合，高等教育管理学只是被作为一门经验总结性的学科，没有被看作一门严谨的理论性学科。加强具有极高理论水平和理性层次的高等教育管理的价值及其实现的研究，有利于修正人们对高等教育管理和高等教育管理学的误解，使高等教育管理学在人们的心目中回归其人类精神产品的理性境界，使高等教育管理学在人们心目中不再是最无学问的学问和最无理论的理论学科。

（三）有利于深化高等教育管理的价值研究

如果高等教育管理的价值研究仅仅达到认识一些高等教育管理的价值原理和价值准则的程度，高等教育管理的价值研究就不能达到应有的高度。将高等教育管理的价值

实现作为高等教育管理的价值理论中相对独立的一个理论方面进行专门的研究就能够在一定程度上将人类既有的关于高等教育管理的价值原理研究、价值准则研究再向前推进一步；使高深玄奥的高等教育管理的价值理论更加完善，更加充满活力，更好地为社会所接受；使高等教育管理的价值准则更好地得以贯彻、实现；使已有的高等教育管理价值研究的理论成果，能较充分地体现出应有的社会意义，转化为促进高等教育管理和高等教育管理学发展的现实力量。高等教育管理的价值实现研究有助于使既有的高等教育管理的价值理论不再是理论家在书房里的文字游戏或者论坛上的高谈阔论，而是可以在高等教育管理实践中运用的理论真谛。

三、高等教育管理价值实现的目标协同

（一）实现政府政治与经济价值的利益诉求

我国高校主要由政府出资办学，政府不仅是主要出资人，还是高校办学的监督者和管理者。政府希望高校能履行其职责，以实现自己的利益诉求。政府的利益诉求一方面指政治利益诉求，即通过高校培养高层次人才，促进政治社会化的实现，进一步推动国家民主政治的发展；另一方面指经济利益诉求，即通过与高校、社会的互动与合作，促进区域经济的发展，提升劳动者的综合素质，提高工作效率，进一步开发服务技术，培养社会所需的高端技能型人才。

（二）实现高校教职工自身价值的利益诉求

管理者不仅包括校长，还包括院长、系主任以及其他教学管理人员。他们是课程教学管理的组织者和服务者，在课程教学管理过程中起到组织、领导和协调的作用，他们希望用较少的课程资源和较低的教学成本，实现高水准的教学质量和课程质量，实现人才培养质量的提升。教师是教育产品的生产者和创造者，会直接影响人才培养质量，因此教师是最核心的利益诉求者。他们希望有机会参与课程管理，希望得到应有的社会地位和人格尊重，希望得到组织对其课程教学能力和成果的认可，以此实现个人的自身价值。

（三）实现学生人力资本增值的利益诉求

无论是课程教学质量的提升，还是人才培养目标的实现，毫无疑问都离不开学生的配合。他们希望有机会参与课程管理，获得所需的知识和技能，提高综合素质和就业能力，以此满足自身发展需求，从而使个人资本增值的利益诉求得以实现。

（四）实现企业等社会力量得到投资回报的利益诉求

企业是高等学校课程教学和科学研究的主要合作者和支持者，企业期望高等学校能为其提供高素质人才，正如知识生产的溢出效应一样，对企业发展起到带动作用。同时，企业也是高等学校进行课程实践的支持者，通过为高等学校提供科研场所和实践基地，让高等学校能更高效地利用资源，提高办学效益，提升人才培养质量，为企业提供所需的技术和人才，以此实现投资回报利益最大化。

参 考 文 献

[1] 别敦荣.高等教育管理探微[M].厦门：厦门大学出版社，2021.

[2] 曹喜平，刘建军.高等教育视域下高校人力资源管理研究[M].石家庄：河北人民出版社，2018.

[3] 丁喜旺.高等教育管理与制度文化[M].长春：吉林出版集团股份有限公司，2021.

[4] 韩骅.学术自治：大学之魂[M].北京：中国文史出版社，2005.

[5] 何谐.我国高等职业教育学位制度构建研究[M].重庆：重庆大学出版社，2021.

[6] 洪霞.高等院校学生教育管理研究与实践[M].北京：北京工业大学出版社，2021.

[7] 李艳芳，韩燕.新时期高等教育管理路径及实践策略研究[M].长春：东北师范大学出版社，2018.

[8] 梁迎春，赵爱杰.高等教育管理与质量评价研究[M].西安：西安交通大学出版社，2017.

[9] 刘振海，谢德胜.终身教育视域下我国高等教育管理体制研究[M].沈阳：辽宁教育出版社，2017.

[10] 马静.高等教育管理发展的战略研究[M].北京：北京工业大学出版社，2019.

[11] 马小平.高等教育与人力资源管理研究[M].西安：世界图书出版西安有限公司，2018.

[12] 孟维亮.以学生为本的高等教育管理改革与创新[M].广州：世界图书出版广东有限公司，2019.

[13] 王宝堂.当代高等教育管理与实践路径研究[M].青岛：中国海洋大学出版社，2018.

[14] 王艳.高等教育管理与大学生心理健康教育[M].成都：电子科技大学出版社，2017.

[15] 吴爱萍.高等教育的发展与管理实践[M].长春：吉林出版集团股份有限公司，2020.

［16］吴杰，张帅.高等教育管理与心理学研究［M］.北京：文化发展出版社，2019.

［17］张桓，柯亮.当代高等教育管理与教学研究［M］.北京：北京工业大学出版社，2019.